环境规制、企业外部关系构建与投资行为研究

许松涛 著

中国财经出版传媒集团
中国财政经济出版社

图书在版编目（CIP）数据

环境规制、企业外部关系构建与投资行为研究／许松涛著 .—北京：中国财政经济出版社，2018.12

ISBN 978-7-5095-8755-3

Ⅰ.①环… Ⅱ.①许… Ⅲ.①环境规划-作用-企业-投资行为-研究-中国 Ⅳ.①F279.23

中国版本图书馆 CIP 数据核字（2018）第 295965 号

责任编辑：彭　波　　　　　责任印制：刘春年
封面设计：卜建辰　　　　　责任校对：李　丽

中国财政经济出版社 出版

URL：http://www.cfeph.cn

E-mail：cfeph@cfemg.cn

（版权所有　翻印必究）

社址：北京市海淀区阜成路甲28号　邮政编码：100142

营销中心电话：010-88191537

北京财经印刷厂印装　各地新华书店经销

710×1000 毫米　16 开　14.5 印张　210 000 字

2018 年 12 月第 1 版　2018 年 12 月北京第 1 次印刷

定价：68.00 元

ISBN 978-7-5095-8755-3

（图书出现印装问题，本社负责调换）

本社质量投诉电话：010-88190744

打击盗版举报热线：010-88191661　QQ：2242791300

前　言

"十五"期间,我国环境保护虽然取得积极进展,但环境形势依然严峻。"十五"环境保护计划指标没有全部实现,二氧化硫排放量比2000年增加了27.8%,化学需氧量仅减少2.1%,未完成削减10%的控制目标。在此背景下,我国自"十一五"开始,强化了重污染行业的环境规制,先后实施了主要污染排放物总量控制、淘汰落后产能、绿色证券、绿色信贷等环境规制政策,并自"十二五"以来实施了《大气污染防治行动计划》《水污染防治行动计划》和《土壤污染防治行动计划》,且中共中央、国务院发布了《关于加快推进生态文明建设的意见》,进一步强调加快推进生态文明建设是加快转变经济发展方式、提高发展质量和效益的内在要求,实现中华民族永续发展。

在上述环境规制背景下,重污染行业企业无论是在生产经营还是在投融资方面,较之非重污染行业企业均受到了严格的政策约束。根据资源依赖理论,企业的生存与发展需要外部组织提供各类重要资源,因此企业有动机建立不同形式的组织间安排,从而使其最大可能地获取外部的资源与认同支持,亦有助于企业应对来自社会"合法性"的质疑。为此本书重点关注我国的环境规制对重污染行业企业外部关系构建的影响，以及环境规制政策与外部关系对重污染行业企业投资行为的作用机理，并就此考察我国环境规制的政策效应，提出政策建议。本书的主要内容包括以下几个方面：

首先，界定相关的概念、理论基础并构建理论分析框架。通过环境规制政策研究与文献梳理，分析环境规制对重污染行业企业投资的主要影响因素，进而以资源依赖理论为基础，聚焦环境规制背景下的政府关系、银行关系与社会公众关系等企业主要外部关系。在对相关概念进行界定的基础上，逐步推进，构建环境规制、企业外部关系与投资行为的最终分析框架。

其次，就我国的环境规制对重污染行业企业在污染治理行为、风险管理、投资行为和外部关系等方面的整体影响进行研究，进一步探寻环境规制对公司投资行为的影响机理以及影响路径，为后续的专题研究作铺垫。此部分主要的研究数据来源于《中国环境统计年鉴》和《中国工业统计年鉴》等行业层面数据，以及重污染行业相关公司年报文本信息和财务信息等微观层面的数据。借助重污染行业与非重污染行业、重污染行业重点排污单位与非重污染行业非重点排污单位的样本数据比较与相关性分析，梳理出重污染行业相关企业整体上对环境规制政策的应对策略与行为后果，并就此与资源依赖理论分析框架进行经验验证。

再次，针对环境规制、企业外部关系对重污染行业企业投资行为的影响进行实证研究。此部分以专题研究的形式展开，研究框架为环境规制背景下企业的政府关系、银行关系和公众关系，对重污染行业企业固定资产投资与研发投入的影响，并就作用机理进行理论分析与经验验证，探寻企业外

前言

部关系在外部资源获取、风险分担和信息知识共享等方面的价值贡献。此部分重点考察重污染行业企业的外部关系，是否在影响固定资产投资和研发投入方面，起到吻合我国环境规制政策方针，以及国家经济发展模式转型与创新驱动战略的要求，是否利于我国重污染行业企业的生态文明建设，落实外部关系在实现企业与社会"波特假说"双赢格局的正向价值。

最后，根据上述研究，结合我国环境规制目标以及国家经济战略转型发展的需要，特别是创新驱动发展战略目标的定位，提出相应的政策建议。具体而言，包括如何监管企业特别是重污染行业企业的外部关系构建行为，避免企业外部关系的负面经济社会后果；建议监管机构和资本市场监管方出台更多针对重污染行业的创新激励市场化政策，引导重污染行业企业的转型升级发展；构建企业与社会在创新驱动方面的风险分担与利益共享机制，推进重污染行业企业的创新驱动，实现全社会的绿色福利等。

作者
2018 年 10 月

目 录

第1章 绪论 ………………………………………………… 1
    1.1 研究目的 ……………………………………………… 3
    1.2 研究意义 ……………………………………………… 6
    1.3 主要概念与内涵 ……………………………………… 7
    1.4 研究内容与方法 ……………………………………… 14

第2章 研究背景与文献综述 ……………………………… 19
    2.1 研究背景 ……………………………………………… 21
    2.2 文献综述 ……………………………………………… 39

第3章 环境规制与企业投资行为——基于工业行业数据的分析 …… 49
    3.1 环境规制与企业固定资产投资 ……………………… 51
    3.2 环境规制与企业研发投入 …………………………… 56
    3.3 固定资产投资与研发强度变化趋势分析 …………… 59

第4章 环境规制与企业外部关系——基于上市公司数据的分析 … 71
    4.1 环境规制与企业政府关系 …………………………… 73
    4.2 环境规制与企业银行关系 …………………………… 75
    4.3 环境规制与企业公众关系 …………………………… 78

第 5 章　环境规制、企业政府关系与投资行为 ·················· 83

　　5.1　环境规制、企业政府关系与固定资产投资 ············ 85
　　5.2　环境规制、企业政府关系与研发投入 ·················· 112

第 6 章　环境规制、企业银行关系与投资行为 ·················· 137

　　6.1　理论分析与研究假设 ·· 139
　　6.2　研究设计 ··· 143
　　6.3　研究结果 ··· 146
　　6.4　研究小结 ··· 153

第 7 章　环境规制、企业公众关系与投资行为 ·················· 157

　　7.1　理论分析与研究假设 ·· 159
　　7.2　研究设计 ··· 166
　　7.3　研究结果 ··· 169
　　7.4　研究小结 ··· 183

第 8 章　研究结论与政策建议 ··· 185

　　8.1　研究结论 ··· 187
　　8.2　政策建议 ··· 189

附录　2017 年部分上市公司年报中的环保风险披露与应对策略 ······ 191
参考文献 ··· 202
后记 ·· 222

环境规制、企业外部关系构建与投资行为研究

Chapter 1

第1章 绪　　论

第1章 绪　　论

1.1　研究目的

环境规制影响企业投资行为的研究，主要集中于"污染避难所"假说下环境规制对 FDI 的影响，但对本土企业投资影响的研究则非常少，且已有的基于不同国别背景的研究，得出的结论并不相同。例如，Garofalo 和 Malhotra（1995）、Greenstone（2002）发现美国的环境规制制约了重污染行业企业的投资；而在欧洲，环境规制则推动（但强度逐步减弱）了欧洲企业的投资（Leiter，2011）；许松涛和肖序（2011）通过环境规制对我国本土重污染行业企业投资效率的考察，亦发现整体上环境规制强度与企业投资规模呈正相关关系，但对不同产权性质的企业投资影响方向和显著性上存在差异。上述研究结论的不同，启发我们需要深入考虑所在国的环境规制政策及其国情差异对本土企业投资行为的影响机理。

资源依赖理论认为，企业的生存与发展需要外部组织提供各类重要资源，因此企业有动机建立不同形式的组织间安排（Pfeffer and Salancik，2003），从而使其最大可能地控制重要的外部力量和资源（Santos and Eisenhardt，2005），亦有助于企业应对来自社会"合法性"的质疑（Suchman，1995）。对于我国重污染行业企业而言，政府特别是地方政府和金融机构直接控制着企业投资所需的重要资源；另外，随着我国公众环境意识的总体水平呈现加速上升趋势（闫国东等，2010），社会公众对重污染行业企业的投资影响不断加大[①]。那么随着环境规制的加强，重污染行业企业是否会为了取得上述外部组织或公众的支持，而有目的地构建良好的政府关系、银行关系和社会公众关系？以减弱环境规制政策的冲击，甚至是利用环境规制政策

---

① 近年来的厦门 PX 项目、大连福佳、四川什邡钼铜、江苏南通王子制纸排海工程等，因社会公众的反对而被取消，即很好的明证。

对行业集中度的影响，进而支撑其固定资产投资扩张？从而形成对研发投入的挤出效应？还是因固定资产扩张带来的公司研发投入产出规模效应，而促进了后期的研发投入？

在新兴市场与发展中国家，企业政府关系日益成为市场与法律制度的一种替代机制。企业与政治家的联系不仅保护了企业避免其被侵占的可能，而且也是企业优先获得政府补助、融资机会和税收减免的途径（Shleifer and Vishny，1994；Faccio et al.，2006；Claessens et al.，2008）。基于这种替代机制的考虑，已有文献主要从政府关系对企业产权保护、企业服务于政治目标、政府关系减弱企业的融资约束等内在机理研究政府关系对企业投资规模和效率的影响（North，1990；Dixit，2004；陈运森和朱松，2009；梁莱歆和冯延超，2010；谭燕等，2011；张敏等，2010；连军等，2011；张兆国等，2011；Chen，2011；Zhou，2013）。但在环境规制背景下，政府关系对企业投资的影响则有所不同且更为复杂。不同层级政府在环境保护上有着不同的利益需求。如"十五"期间，中央政府制定的环境治理目标未完成的第一原因即：一些地方政府片面追求 GDP 增长，忽视了环境保护是政府应履行的基本职责①。中央与地方政府对环境保护态度的不一致，导致地方政府对重污染行业企业投资的支持，受限于环境规制政策及强度的制约。因而需要深入考察企业政府关系，在各类环境规制政策（主要为绿色信贷、绿色证券、主要排放物总量控制与淘汰落后产能政策）下对企业投资行为的影响。

银行关系的构建则有助于解决借款人与银行之间的代理问题和信息不对称（Boot，2000；Degryes and Ongena，2002），降低了银行对借款人的监督成本（Gorton and Winton，2003），因而能缓解企业的融资约束（郭田勇和李贤文，2006；罗正英等，2011；Saeed and Es-

---

① 中国环境规划院. 国家环境保护"十五"计划指标完成情况分析 [EB/OL]. (2006-04-12)[2012-12-30] http://www.mep.gov.cn/gkml/hbb/qt/200910/t20091023_179984.htm.

posito，2012）。但银行关系亦可能产生预算软约束问题，使信贷资源持续流向非效率公司（Dewatripont and Maskin，1995）。在环境规制特别是绿色信贷和淘汰落后产能政策背景下，银行向重污染行业企业的信贷融资面临着较高的政策风险。因而，环境规制背景下的银行关系对企业投资行为影响的研究，为考察银行关系是否提高银行的监督治理水平，促进企业的高效率投资？还是引起预算软约束导致过度投资？或两者兼而有之提供了很好的分析视角。

社会公众通过选举投票、民意调查和意见表述（如参与组织、示威游行和游说）等渠道影响到政府决策（Monroe，1998），进而对企业产生影响。Jakobsen（2011）的研究表明，社会公众的经济民族主义意识显著性地影响到所在国的FDI投资。尽管近年来的厦门PX项目、大连福佳、四川什邡钼铜、江苏南通王子制纸排海工程等案例表明社会公众的环保认知对重污染行业企业的投资行为产生重大影响，但尚无文献对此进行研究。另外，基于预期投资的目的，重污染行业企业如何调整与社会公众的关系亦值得深入的探讨。

本书紧密结合我国的绿色信贷、绿色证券、淘汰落后产能和主要污染物总量控制等环境规制政策，通过对产业组织理论、公司投资理论、案例与调研的分析，梳理出环境规制对企业投资的影响因素，进而以资源依赖理论为基础，研究环境规制背景下的政府关系、银行关系与社会公众关系等企业主要外部关系对其投资行为的影响。研究问题包括：（1）环境规制如何影响企业的投资机会与投资行为；（2）环境规制对企业构建外部组织或公众关系的影响；（3）环境规制与外部关系的交互作用，又是如何影响到企业的投资行为。本书将企业投资行为的研究范围限定在固定资产投资和研发投入，而未涉及细化的环保投资，原因如下：（1）无法获得到公司层面的环保投资具体数据；（2）根据《中国环境统计年鉴》和《中国统计年鉴》数据显示，2010年我国环保投资为6654亿元，固定资产投资为278121亿元，环保投资仅占固定资产投资的2.39%。考虑到我国以要素投入为主的粗放式增长方式特征（王小鲁等，2009），因此如何有效地遏制重污染行业的固定资产过度投资有着重要意义。在对企业固定资产投资的研究中，未单独考虑所占比例非常小的环保投资，将对本书的结论不产生实质性的影响。

1.2 研究意义

1.2.1 理论意义

本书的理论意义在于：（1）从环境规制视角拓展了现有公司投资理论研究范畴。主流的公司投资文献，基于 Tobin（1969）、Richardson（2006）等投资模型进行扩展，从信息不对称、代理问题、法制背景与投资者保护、融资约束、公司治理、政府干预等方面研究企业的投资规模和效率问题，但鲜有从环境规制角度研究本土企业投资行为（Leiter，2011），本书则以我国的环境规制政策视角，结合政府关系、银行关系和公众关系，从微观层面对本土企业的投资进行研究，深化了许松涛和肖序（2011）的研究，亦有别于规制经济学的中宏观层面的投资研究。（2）推进了资源依赖理论的研究内容。资源依赖理论较好地解释了为什么独立组织要进行各类连锁董事、联盟、合营和并购等组织间安排（Pfeffer and Salancik，1978）。而我国以"命令—控制"型规制工具为主的环境规制，及我国公众快速上升的环境意识（闫国东等，2010），使重污染行业企业投资面临的外部资源依赖尤为严重。基于上述情境考虑的研究，将深化资源依赖理论，扩展企业与政府、银行和社会公众的组织间安排的研究内容。

1.2.2 实践意义

本书的实践意义在于：为我国政府推进经济增长与环境保护的和

谐关系，转变经济增长方式提供政策建议。改革开放以来中国的经济增长主要依赖于生产要素投入，呈现出粗放型增长方式的特点（王小鲁等，2009）。这种增长方式虽为中国潜在经济增长提供了平均9.5%的增速，但近十年来其中约有2%为环境污染所付出的代价（袁富华，2010）。另外，尽管我国重污染行业企业的投资收益率平均为4.36%，远低于上市公司整体行业7.34%的投资收益率，但重污染行业企业现实中却能够得到发展和扩张所需的资本（周一虹和芦海燕，2011），表明现阶段我国引导重污染行业企业合理投资具有非常重要的意义。本书从环境规制与企业外部关系对企业投资行为影响的研究，将有助于评价现有的环境规制政策后果，深入理解我国重污染行业企业投资扩张的背后机理，为政府如何有效地遏制重污染行业企业的固定资产过度投资，激励研发投入，制定更加优化的环境规制政策工具和环境治理体系，提供了有价值的经验证据和政策建议，这也是本书最大的研究意义所在。

1.3 主要概念与内涵

本书的主要概念与内涵包括环境规制、重污染行业、重点排污单位、外部关系、投资行为等。

1.3.1 环境规制相关概念与内涵

政府规制是指经济或社会主体在其行为产生负外部性时，政府通过政策法律或标准的形式，规范约束行为主体的相关行为，旨在解决或降低负外部性问题。环境规制则是政府为了解决行为主体的污染外部性问题，通过制定相应政策与措施对厂商和各类行为主体等的环境活动进行调节，包括政策法律、经济和引导等多种手段（Baldwin et al., 2012)。

具体到环境规制工具的划分,Testa等(2011)将环境规制的类别分为命令—控制型、市场激励型和自愿型等环境规制政策。命令—控制型环境规制,主要是指政府直接管制,即通过制订环保排放标准、总量控制、生产设备要求等方式,限制企业的生产经营与污染排放。命令—控制型环境规制能使环境治理得以迅速改善,但政府的环境执法成本较高。对企业而言,则以环保达标为目的,缺乏进一步能通过技术创新推进环保的经济激励。目前命令—控制型环境规制为我国主流的环境规制工具(赵玉民等,2009)。我国先后实施的环境影响评估、污染物排放标准、主要污染物总量控制、淘汰落后产能、新建产能审批、绿色证券、绿色信贷等均属于命令—控制型环境规制。上述环境规制工具对企业而言必须遵循,否则其违法成本非常高,直接影响到企业的生产经营投融资方方面面,甚至动摇其"合法性"地位。

市场激励型环境规制,则通过排污税费、政府补贴、排污权交易等配额手段,旨在使各个排污者的边际减污成本相等,让污染者用经济手段自行选择污染物的排放水平以及实现污染控制的手段,鼓励环境技术创新和投资。市场激励型环境规制的优点为给予企业根据实际情况的自主选择权,但不足在于缺乏强制性而可能存在规制效率低的情况。

自愿型环境规制是指政府通过信息舆论、协商规劝、道德说教、公民参与等非强制性手段,改变被规制者的成本效益结构或环境道德观,从而使其采取改善环境质量的自愿行动,最终实现环境治理目标(张世秋和李彬,1996)。目前我国自愿型环境规制主要包括公开环境信息披露、企业 ISO 14000 认证和公众参与等模式。

1.3.2 重污染行业相关概念与内涵

本书有关重污染行业的分类,以环境监管机构的划分为标准。国

第1章 绪 论

家环保总局在 2003 年发布的《关于对申请上市的企业和申请再融资的上市企业进行环境保护核查的通知》(环发〔2003〕101 号),首次明确了重污染行业的标准,即重污染行业暂定为:冶金、化工、石化、煤炭、火电、建材、造纸、酿造、制药、发酵、纺织、制革和采矿业。到 2008 年,环保部的《关于印发〈上市公司环保核查行业分类管理名录〉的通知》(环办函〔2008〕373 号),细化了环保核查重污染行业分类,进一步细化为 14 个重污染行业 61 个子行业。其规范了上市公司环保核查行业分类管理名录,将 14 个行业列为需要进行环保核查的重污染行业。我们使用行业大类代码,对 2003 年与 2008 年重污染行业标准进行整理,发现在行业大类代码上,2003 年的标准与 2008 年的标准相同,具体如表 1-1 所示。

表 1-1 上市公司环保核查行业分类管理名录

行业类别	类型	所属行业大类代码
1. 火电	火力发电(含热电、矸石综合利用发电、垃圾发电)	D44
2. 钢铁	炼铁(含熔融和还原)、球团及烧结、炼钢、铁合金冶炼、钢压延加工、焦化	C31
3. 水泥	水泥制造(含熟料制造)	C30
4. 电解铝	包括全部规模、全过程生产	C32
5. 煤炭	煤炭开采及洗选、煤炭地下气化、煤化工(煤制油、煤制气、煤制甲醇或二甲醚等)	B06
6. 冶金	有色金属冶炼(常用有色金属、贵金属、稀土金属、其他稀有金属冶炼)、有色金属合金制造、废金属冶炼、有色金属压延加工、金属表面处理及热处理加工(电镀;使用有机涂层,热镀锌(有钝化)工艺)	C32、C33
7. 建材	玻璃及玻璃制品制造、玻璃纤维及玻璃纤维增强塑料制品制造、陶瓷制品制造、石棉制品制造;耐火陶瓷制品及其他耐火材料制造、石墨及碳素制品制造	C30

续表

行业类别		类型	所属行业大类代码
8. 采矿		石油开采、天然气开采、非金属矿采选（化学矿采选；石灰石、石膏开采；建筑装饰用石开采；耐火土石开采；黏土及其他土砂石开采；采盐；石棉、云母矿采选；石墨、滑石采选；宝石、玉石开采）、黑色金属矿采选、有色金属矿采选（常用有色金属、贵金属、稀土金属、其他稀有金属采选）	B07、B08、B09、B10
9. 化工		基础化学原料制造（无机酸制造、无机碱制造、无机盐制造、有机化学原料制造、其他基础化学原料制造）、肥料制造（氮肥制造、磷肥制造、钾肥制造、复混肥料制造、有机肥料及微生物肥料制造、其他肥料制造）、涂料、染料、颜料、油墨及其他类似产品制造、合成材料制造（初级型态的塑料及合成树脂制造、合成橡胶制造、合成纤维单（聚合）体的制造、其他合成材料制造）、专用化学品制造（化学试剂和助剂制造、专项化学用品制造、林产化学产品制造、炸药及火工产品制造、信息化学品制造、环境污染处理专用药剂材料制造、动物胶制造、其他专用化学产品制造）、化学农药制造、生物化学农药及微生物农药制造（含中间体）、日用化学产品制造（肥皂及合成洗涤剂制造、化妆品制造、口腔清洁用品制造、香料香精制造、其他日用化学产品制造）、橡胶加工、轮胎制造、再生橡胶制造	C26、C29
10. 石化		原油加工、天然气加工、石油制品生产（包括乙烯及其下游产品生产）、油母页岩中提炼原油、生物制油	C25
11. 制药		化学药品制造（含中间体）、化学药品制剂制造、生物、生化制品的制造、中成药制造	C27
12. 轻工	酿造	酒类及饮料制造（酒精制造、白酒制造、啤酒制造、黄酒制造、葡萄酒制造、其他酒制造；碳酸饮料制造、瓶（罐）装饮用水制造、果菜汁及果菜汁饮料制造、含乳饮料和植物蛋白饮料制造、固体饮料制造、茶饮料及其他软饮料制造；精制茶加工	C15

续表

行业类别		类型	所属行业大类代码
12. 轻工	造纸	纸浆制造（含浆纸林建设）、造纸（含废纸造纸）	C22
	发酵	调味品制造（味精、柠檬酸、氨基酸制造等）、有发酵工艺的粮食、饲料加工	C14
		制糖、植物油加工	C13
13. 纺织		化学纤维制造、棉、化纤纺织及印染精加工、毛纺织和染整精加工、丝绢纺织及精加工、化纤浆粕制造、棉浆粕制造	C17、C28
14. 制革		皮革鞣制加工、毛皮鞣制及制品加工	C19

根据《上市公司环保核查行业分类管理名录》的要求，属于行业大类代码的重污染行业包括：B06（煤炭开采和洗选业）、B07（石油和天然气开采业）、B08（黑色金属矿采选业）、B09（有色金属矿采选业）、B10（非金属矿采选业）、C13（农副食品加工业）、C14（食品制造业）、C15（酒、饮料和精制茶制造业）、C17（纺织业）、C19（皮革、毛皮、羽毛及其制品和制鞋业）、C22（造纸和纸制品业）、C25（石油加工、炼焦和核燃料加工业）、C26（化学原料和化学制品制造业）、C27（医药制造业）、C28（化学纤维制造业）、C29（橡胶和塑料制品业）、C30（非金属矿物制品业）、C31（黑色金属冶炼和压延加工业）、C32（有色金属冶炼和压延加工业）、C33（金属制品业）、D44（电力、热力生产和供应业）等21个行业。

2010年，国家环保部发布了《上市公司环境信息披露指南（征求意见稿）》，进一步明确了按照《上市公司环保核查行业分类管理名录》（环办函〔2008〕373号）的认定，将火电、钢铁、水泥、电解铝、煤炭、冶金、化工、石化、建材、造纸、酿造、制药、发酵、纺织、制革和采矿业等行业认定为重污染行业。

2017年11月，国家环保部印发了《重点排污单位名录管理规定

（试行）》（环办监测〔2017〕86号）的通知，进一步明确了重污染行业判定标准。其中重点排污单位名录实行分类管理。按照受污染的环境要素分为水环境重点排污单位名录、大气环境重点排污单位名录、土壤环境污染重点监管单位名录、声环境重点排污单位名录，以及其他重点排污单位名录等五类，具体分类标准如表1-2所示。

表1-2 重污染行业分类标准（重点排污单位名录管理规定（试行））

污染物类别	监管行业	所属行业大类代码
废水污染重点监管行业	制浆造纸，焦化，氮肥制造，磷肥制造，有色金属冶炼，石油化工，化学原料和化学制品制造，化学纤维制造，有漂白、染色、印花、洗水后整理等工艺的纺织印染，农副食品加工，原料药制造，皮革鞣制加工，毛皮鞣制加工，羽毛（绒）加工，农药，电镀，磷矿采选，有色金属矿采选，乳制品制造，调味品和发酵制品制造，酒和饮料制造，有表面涂装工序的汽车制造，有表面涂装工序的半导体液晶面板制造等	B09、B10、C13、C14、C15、C17、C19、C22、C25、C26、C27、C28、C32、C33
废气污染重点监管行业	火力发电、热力生产和热电联产，有水泥熟料生产的水泥制造业，有烧结、球团、炼铁工艺的钢铁冶炼业，有色金属冶炼，石油炼制加工，炼焦，陶瓷，平板玻璃制造，化工，制药，煤化工，表面涂装，包装印刷业等	C23、C25、C26、C27、C30、C31、C32、D44
土壤污染重点监管行业	有色金属矿采选、有色金属冶炼、石油开采、石油加工、化工、焦化、电镀、制革等	B07、B09、C19、C25、C26、C29、C32、C33

根据《重点排污单位名录管理规定（试行）》汇总的行业大类代码重污染行业为：B07、B09、B10、C13、C14、C15、C17、C19、C22、C23、C25、C26、C27、C28、C29、C30、C31、C32、C33、D44。其对于2007年的《上市公司环保核查行业分类管理名录》，减

少了 B06（煤炭开采和洗选业）、B08（黑色金属矿采选业），增加了 C23（印刷和记录媒介复制业）。

考虑到 2008 年和 2017 年重污染行业划分标准的不同，以及研究过程中历史数据采集的需要，本书重点以 2008 年的《上市公司环保核查行业分类管理名录》标准为基准，作为重污染行业认定标准。

1.3.3　企业外部关系相关概念与内涵

根据资源依赖理论，企业的生存与发展需要外部组织提供各类重要资源，因此企业有动机建立不同形式的组织间安排（Pfeffer and Salancik，2003），从而使其最大可能地控制重要的外部力量和资源（Santos and Eisenhardt，2005），亦有助于企业取得"合法性"的社会地位（Suchman，1995）。因此，企业有必要与外部利益相关者构建各类外部关系，以帮助企业实现其经营发展目标。根据我国有关环境规制的政策，重污染行业企业的固定资产投资需要得到政府部门的审批，且随着公众环境意识的总体水平呈现加速上升趋势（闫国东等，2010），社会公众对重污染行业企业的投资影响不断加大，社会公众亦成为影响政府审批决策的一个重要因素。此外，重污染行业企业无论是在固定资产投资还是在研发投入方面，均需要资金的支撑，包括股权融资、债务融资和自有资金等。因此，本书将重点考虑影响重污染行业企业投资的重要外部利益相关者，即政府、银行和社会公众。在此基础上，我们将研究重污染行业企业与上述三个重要利益相关者之关系，即重污染行业企业主要的外部关系，包括与政府关系、银行关系和公众关系。由此，本书所指企业外部关系即包括政府关系、银行关系和公众关系。

1.4 研究内容与方法

1.4.1 研究内容

本书基于我国环境规制政策特征,首先从环境规制、企业外部关系(政府关系、银行关系和公众关系)对投资行为的作用机理作理论分析。在此基础上,重点考察环境规制与企业外部关系的交互作用,对企业(特别是受规制政策影响的重污染行业企业)固定资产投资和研发投入的影响。进而从企业投资行为的后果,评价我国的环境规制政策,给出相应的环境治理政策建议。具体而言,本书的主要研究包括以下内容:

(1) 环境规制政策背景研究。此部分分析了自"十一五"期间以来出台的主要环境规制政策,包括绿色证券、绿色信贷、淘汰落后产能、主要污染物总量控制、大气污染防治行动计划、水污染防治行动计划、土壤污染防治行动计划等。为此我们结合资源依赖理论,重点考察环境规制政策背景对重污染行业在环境治理方面的影响,以及重污染行业企业在风险管理方面的影响,旨在为影响重污染行业企业投资行为的政府关系、银行关系和公众关系研究作铺垫。

(2) 环境规制对行业整体投资行为的影响研究。此部分基于工业行业的数据,分析在环境规制背景下,重污染行业整体的固定资产投资与研发投入情况,进而从变化趋势的角度考察环境规制对整体行业企业投资行为的影响。同时为了深入理解环境规制的作用效果,本部分还将重污染行业与非重污染行业数据进行了对比。

(3) 环境规制对企业外部关系的影响研究。考虑到从行业层面数据无法获取企业外部关系数据,本部分则通过上市公司微观数据进行汇总研究。重点考察在环境规制背景下，重污染行业企业与非重污染行业企业，在政府关系、银行关系和公众关系方面的差异以及变化趋势，进而梳理出环境规制对重污染行业企业外部关系构建的影响，推理出此外部关系的价值所在。为了研究的稳健性，本部分还对重污染行业重点排污单位与非重污染行业非重点排污单位，在外部关系构建及其变化方面进行了比较研究。

（4）环境规制、企业政府关系与投资行为研究。此部分为专题研究，以上市公司的微观数据为基础，旨在从政府环境规制的视角，考察政府关系对工业企业特别是重污染行业企业固定资产投资和研发投入的影响机理以及作用效应。

（5）环境规制、企业银行关系与投资行为研究。此部分为专题研究，以上市公司的微型数据为基础，重点从政策层面分析，考察《绿色信贷指引》政策是否强化了银行对作为借款人的重污染行业企业资金使用引导与监管，进而是否影响到其固定资产投资和研发投入行为，以此探寻企业的银行关系，对工业企业特别是重污染行业企业固定资产投资和研发投入的影响机理以及作用效应。

（6）环境规制、企业公众关系与投资行为研究。此部分亦为专题研究，以上市公司对外捐赠数据为基础，旨在从政府环境规制的视角，重点考察企业公众关系对重污染行业企业固定资产投资和研发投入的影响机理以及作用效应。此部分的研究，有别于现有文献关于跨国公司投资的研究，为系统地分析环境规制背景下重污染行业企业公众关系对企业本土投资行为的影响。

1.4.2 研究方法

本书的研究为交叉学科研究，集环境经济学、组织行为学与公司财务学相关理论为一体，因而综合运用了多种研究方法，具体包括以下几种方法：

（1）文献研究法。通过对中外文献和相关环境规制政策的研究，对相关理论进行梳理、归纳与引用，形成文献综述。重点以资源依赖理论为依托，切入环境规制、企业外部关系与投资行为的分析框架和机理研究中，给出管理学意义上的解释。

（2）演绎推理法。根据事实观察和资源依赖理论，演绎推理出影响重污染行业企业投资行为的三个重要外部关系，即企业政府关系、银行关系与公众关系，在此基础上构建研究主题和研究路径。

（3）比较分析法。以《中国环境统计年鉴》《中国工业统计年鉴》、国泰安数据库和上市公司年报相关数据为基础，通过对重污染行业与非重污染行业、重污染行业企业与非重污染行业企业以及重污染行业重点排污单位企业与非重污染行业非重点排污单位企业，在环境治理费用强度、主要污染物排放强度、固定资产投资强度、研发投入强度、政府关系、银行关系和公众关系的比较，探寻环境规制对重污染行业企业在外部关系和投资行为上的差异，并在相关研究部分作了趋势分析。

（4）实证研究方法。针对环境规制、企业外部关系与投资行为研究的三个专题，采用大样本数据，进行相关性分析、多元回归分析、门槛效应模型等多种统计分析方法，以避免研究结论的有偏性和无效性，并进行了相应的作用机理检验和分样本检验，深化了专题研究领域。

（5）自然语言处理方法。针对环境规制对重污染行业企业环保风险的影响，本书借助自然语言处理方法，使用 Python 语言进行编程，提取上市公司年报相关文本信息并进行分类整理，避免了手工处理的低效率和误判性。

1.4.3 技术路线

本书以环境规制与企业外部关系的交互作用，对企业投资行为的影响作为核心内容进行研究。但是只有清楚环境规制政策对企业投资的影响因素，并分析企业基于这些因素的应对措施，才能全面把握环境规制及其企业的应对措施给企业投资行为带来的影响，并由此提出政策建议。为此，本书以环境规制政策背景分析为起点，结合资源依赖理论，逐步推进，构建环境规制、企业外部关系与投资行为的最终分析框架。

本书的逻辑关系与研究框架图如图 1-1 所示。具体而言，一方面环境规制政策影响到重污染行业企业的外部关系价值，即增加了利益相关者在资源配给方面的话语权和监管强度。另一方面，由于环境规制涉及重污染行业在生产运营、投融资等方方面面的高强度约束性，对行业集中度和投资机会带来较大的冲击，而企业的投资机会并不能完全由其自身所把握，还需要得到重要的外部利益相关者支持。为此本书针对上述环境规制带来的交互问题，探寻环境规制、企业外部关系对重污染行业企业投资行为决策的影响机理。

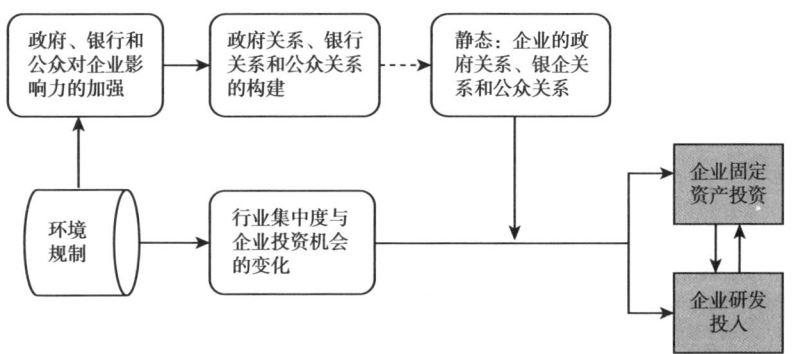

图 1-1　本书的逻辑关系及研究框架

本书的技术路线如图 1-2 所示。

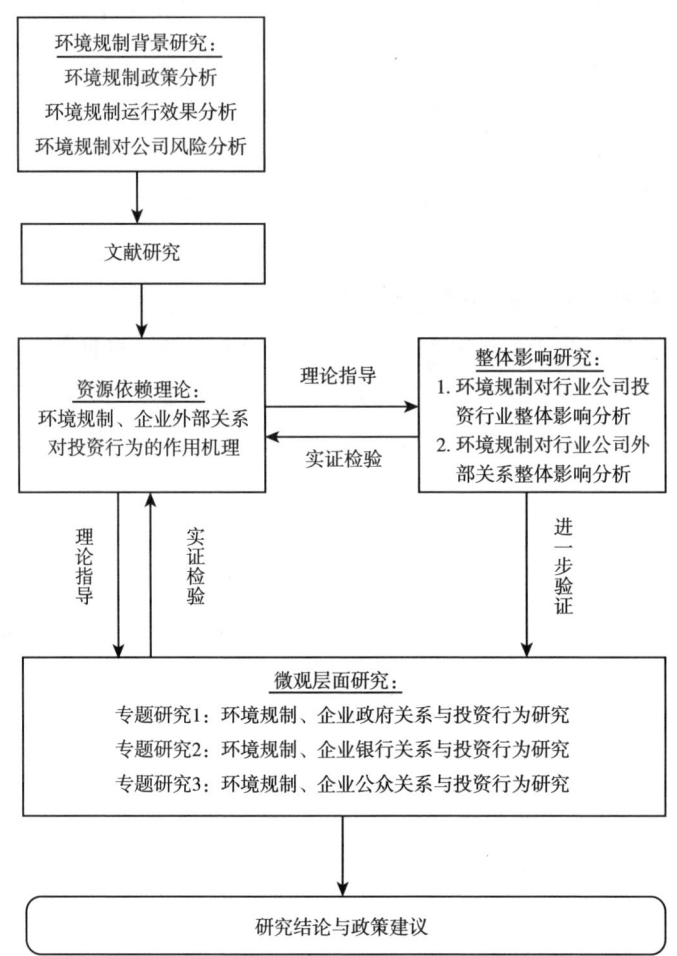

图1-2 本书的技术路线

第2章　研究背景与文献综述

2.1 研究背景

2.1.1 环境规制相关政策分析

"十五"期间,我国环境保护虽然取得积极进展,但环境形势依然严峻。"十五"环境保护计划指标没有全部实现,二氧化硫排放量比 2000 年增加了 27.8%,化学需氧量仅减少 2.1%,未完成削减 10% 的控制目标。淮河、海河、辽河、太湖、巢湖、滇池(以下简称"三河三湖")等重点流域和区域的治理任务只完成计划目标的 60% 左右。主要污染物排放量远远超过环境容量,环境污染严重。全国 26% 的地表水国控(国家重点监控)断面劣于水环境 V 类标准,62% 的断面达不到 Ⅲ 类标准;流经城市 90% 的河段受到不同程度污染,75% 的湖泊出现富营养化;30% 的重点城市饮用水源地水质达不到 Ⅲ 类标准;近岸海域环境质量不容乐观;46% 的设区城市空气质量达不到二级标准,一些大中城市灰霾天数有所增加,酸雨污染程度没有减轻。在此背景下,我国自"十一五"开始,强化了重污染行业的环境规制,实施了主要污染排放物总量控制政策,加大对重污染行业新建项目审批限制、落后产能淘汰与融资约束。相关文件如表 2-1 所示。

表 2-1 "十一五"以来有关环境规制的主要文件

发文单位	文件名、发布时间与主要相关内容
国务院	节能减排综合性工作方案(2007.05) 严格控制新建高耗能、高污染项目;严把土地、信贷两个闸门;建立高耗能、高污染行业新上项目与地方节能减排指标完成进度挂钩、与淘汰落后产能相结合的机制
环保总局 人民银行 银监会	关于落实环保政策法规防范信贷风险的意见(2007.07) 加强环保和信贷管理工作的协调配合,强化环境监督管理,严格信贷环保要求,促进污染减排,防范信贷风险

续表

发文单位	文件名、发布时间与主要相关内容
环保总局办公厅	进一步规范重污染行业生产经营公司申请上市或再融资环境保护核查工作（2007.08） 重污染行业生产经营公司的环保核查工作由环保部门组织，并向中国证券监督管理委员会出具核查意见
国务院	国家环境保护"十一五"规划（2007.11） 化学需氧量排放总量和二氧化硫排放总量分别降低10%，并首次成为约束性指标 新建项目必须符合国家规定的准入条件和排放标准；已无环境容量的区域，禁止新建增加污染物排放量的项目
国务院	"十二五"节能减排综合性工作方案（2011.08） 严格控制高耗能、高排放和产能过剩行业新上项目
国务院	国家环境保护"十二五"规划（2011.12） 建立新建项目与污染减排、淘汰落后产能相衔接的审批机制，落实产能等量或减量置换制度；重点行业新建扩建项目环境影响审批将主要污染物排放总量指标作为前置条件
银监会	绿色信贷指引（2012.02） 将客户对环境和社会风险的管理状况作为决定信贷资金拨付的重要依据
国务院	大气污染防治行动计划（2013.09） 到2017年，全国地级及以上城市可吸入颗粒物浓度比2012年下降10%以上，优良天数逐年提高；京津冀、长三角、珠三角等区域细颗粒物浓度分别下降25%、20%、15%左右，其中北京市细颗粒物年均浓度控制在60微克/立方米左右
中共中央国务院	关于加快推进生态文明建设的意见（2015.03） 到2020年，资源利用更加高效。单位国内生产总值二氧化碳排放强度比2005年下降40%~45%，能源消耗强度持续下降，资源产出率大幅提高，用水总量力争控制在6700亿立方米以内，万元工业增加值用水量降低到65立方米以下，农田灌溉水有效利用系数提高到0.55以上，非化石能源占一次能源消费比重达到15%左右。 生态环境质量总体改善。主要污染物排放总量继续减少，大气环境质量、重点流域和近岸海域水环境质量得到改善，重要江河湖泊水功能区水质达标率提高到80%以上，饮用水安全保障水平持续提升，土壤环境质量总体保持稳定，环境风险得到有效控制。森林覆盖率达到23%以上，草原综合植被覆盖度达到56%，湿地面积不低于8亿亩，50%以上可治理沙化土地得到治理，自然岸线保有率不低于35%，生物多样性丧失速度得到基本控制，全国生态系统稳定性明显增强

续表

发文单位	文件名、发布时间与主要相关内容
国务院	水污染防治行动计划（2015.04） 到2020年，长江、黄河、珠江、松花江、淮河、海河、辽河等七大重点流域水质优良（达到或优于Ⅲ类）比例总体达到70%以上，地级及以上城市建成区黑臭水体均控制在10%以内，地级及以上城市集中式饮用水水源水质达到或优于Ⅲ类比例总体高于93%，全国地下水质量极差的比例控制在15%左右，近岸海域水质优良（一、二类）比例达到70%左右。京津冀区域丧失使用功能（劣于Ⅴ类）的水体断面比例下降15个百分点左右，长三角、珠三角区域力争消除丧失使用功能的水体
国务院	土壤污染防治行动计划（2016.05） 到2020年，全国土壤污染加重趋势得到初步遏制，土壤环境质量总体保持稳定，农用地和建设用地土壤环境安全得到基本保障，土壤环境风险得到基本管控。到2030年，全国土壤环境质量稳中向好，农用地和建设用地土壤环境安全得到有效保障，土壤环境风险得到全面管控。到21世纪中叶，土壤环境质量全面改善，生态系统实现良性循环
国务院	"十三五"生态环境保护规划（2016.11） 依据区域资源环境承载能力，确定各地区重点行业规模限值；实行新（改、扩）建项目重点污染物排放等量或减量置换
国务院	"十三五"节能减排综合工作方案（2017.01） 严禁以任何名义、任何方式核准或备案产能严重过剩行业的增加产能项目；强化节能环保标准约束，严格行业规范、准入管理和节能审查

从表2-1"十一五"以来我国环境规制的主要相关文件可知，我国的环境规制政策出台的强度经历了两个重要时点。第1个时点为"十一五"起步期间的2007年，首次出台了主要污染排放物总量控制的约束性指标、系统地推出了绿色证券、绿色信贷等环境规制政策；第2个时点为2013~2016年。先后出台了"大气十条""水十条"和"土十条"，分别对大气污染、水污染和土壤污染进行史上最强的环境规制，并首次以中共中央、国务院发文《关于加快推进生态文明建设的意见》，进一步将环境治理提高到国家战略层面。

受上述环境规制政策的影响，重污染行业的发展空间受到了政府政策的严格约束，如地区主要污染物排放量总量限额和资源环境承载能力直接影响到重污染行业企业能否获批新建项目,以及原有产能是否能正常运营,是否属于被淘汰的落后产能。因此,不同于其他非管制行业,重污染行业企业的固定资产投资行为,受到环境规制政策的严格限制,需要得到政府相关部门的认同与支持,才能得以实施。

此外,我国的环境规制政策服务于国家的经济发展模式转型与创新驱动发展战略,如《关于加快推进生态文明建设的意见》明确指出须推动科技创新。结合深化科技体制改革,建立符合生态文明建设领域科研活动特点的管理制度和运行机制。加强重大科学技术问题研究,开展能源节约、资源循环利用、新能源开发、污染治理、生态修复等领域关键技术攻关,在基础研究和前沿技术研发方面取得突破。强化企业技术创新主体地位,充分发挥市场对绿色产业发展方向和技术路线选择的决定性作用。完善技术创新体系,提高综合集成创新能力,加强工艺创新与试验。因此,对于重污染行业企业而言,一方面,其原有的固定资产投资之粗放型发展战略受到严格的政策约束;另一方面,其创新驱动发展战略则受到环境规制政策的引导与鼓励。

进一步在理论方面,Modigliani 和 Miller(1958)认为在完美资本市场中,价值最大化目标促使企业的投资仅取决于投资机会。但现实市场是非完美的,企业的投资行为还受到如信息不对称、代理问题、法制背景、投资者保护、融资约束、公司治理与政府干预等内外部因素的影响。对于重污染行业企业而言,绿色信贷和绿色证券直接影响到企业的融资;淘汰落后产能,以及"大气十条""水十条"和"土十条"等政策影响到企业的生产经营与投资资产清算价值;主要污染排放物总量控制涉及企业的正常生产经营和新建项目的立项审批;而厦门 PX 项目、大连福佳、四川什邡钼铜、江苏南通王子制纸排海工程等案例表明,社会公众的态度与行为已对企业投资产生重要影响。结合资源依赖理论,我们认为,现有的环境规制政策,使重污染行业企业的政府关系、银行关系和公众关系对其投资行为将产生显著性影响。

2.1.2 环境规制运行效果——基于行业数据的分析

为了进一步了解我国的环境规制政策运行情况，本章根据《中国环境统计年鉴》和《中国工业统计年鉴》相关数据，计算分析工业行业特别是重污染行业的污染治理费用强度和主要污染物排放强度以及相应的年度变化趋势。其中，行业污染治理费用强度等于行业废水治理设施年度运行费用（万元）与废气治理设施年度运行费用（万元）之和①，除以行业工业销售产值（亿元）；主要污染物排放强度等于某主要污染物年度排放量（吨）除以行业工业销售产值（亿元）。此处主要污染物为"十二五"期间纳入约束性指标的化学需氧量、氨氮、二氧化硫和氮氧。

数据来源情况如下：行业废水治理设施年度运行费用（万元）、废气治理设施年度运行费用（万元）；水污染中的化学需氧量排放量（吨）、氨氮排放量（吨）；大气污染中的二氧化硫排放量（吨）、氮氧排放量（吨）等数据来源于历年的《中国环境统计年鉴》，考虑到自2016年开始《中国环境统计年鉴》不再分行业披露废水治理设施年度运行费用和废气治理设施年度运行费用，且在2012年开始国家统计局行业分类发生部分变化，故本章的分析数据为2011~2015年，覆盖一个完整的"十二五"规划期间。行业工业销售产值（亿元）数据来自《中国工业统计年鉴》，考虑到《中国工业统计年鉴》调查统计的行业企业个数与《中国环境统计年鉴》的行业企业个数不尽相同，本章按各自行业企业个数等比例进行调整，最终使行业工业销售产值数据统计口径与《中国环境统计年鉴》统计口径一致。

图2-1为工业行业整体废水、废气治理费用强度年度变化图。图中的重污染行业包括B06（煤炭开采和洗选业）、B07（石油和天

---

① 《中国环境统计年鉴》未披露土地污染治理设施年度运行费用，故本章仅将废水治理设施年度运行费用与废气治理设施年度运行费用之和作为行业污染治理费用。

然气开采业）、B08（黑色金属矿采选业）、B09（有色金属矿采选业）、B10（非金属矿采选业）、C13（农副食品加工业）、C14（食品制造业）、C15（酒、饮料和精制茶制造业）、C17（纺织业）、C19（皮革、毛皮、羽毛及其制品和制鞋业）、C22（造纸和纸制品业）、C25（石油加工、炼焦和核燃料加工业）、C26（化学原料和化学制品制造业）、C27（医药制造业）、C28（化学纤维制造业）、C29（橡胶和塑料制品业）、C30（非金属矿物制品业）、C31（黑色金属冶炼和压延加工业）、C32（有色金属冶炼和压延加工业）、C33（金属制品业）、D44（电力、热力生产和供应业）等21个行业。非重污染行业则为除上述重污染行业外的采掘业，制造业和电力、热力、燃气及水生产和供应业。

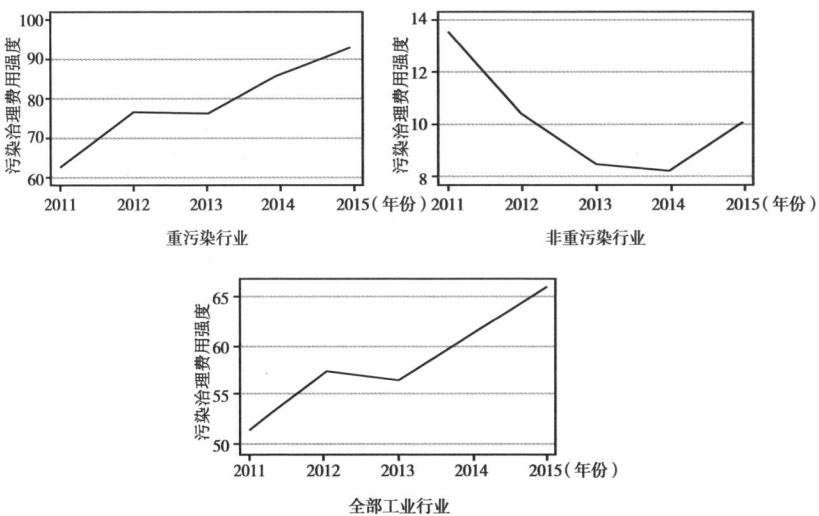

图 2-1 工业行业整体废水废气治理费用强度年度变化

资料来源：根据《中国环境统计年鉴》和《中国工业统计年鉴》数据整理而来。

由图2-1可知，重污染行业的污染治理费用强度从2011年的62.75上升到2015年的92.95，即在2015年重污染行业每万元销售产值中，将拿出92.95元用于污染治理费用。相对而言，非重污染行业的污染治理费用强度从2011年的13.52下降到10.07；而全部工业

第 2 章 研究背景与文献综述

行业的污染治理费用强度与重污染行业类似，从 2011 年的 51.29 上升到 2015 年的 66.0。由此可见，重污染行业的污染治理费用强度在此期间显著上升，且对应的数量级远超过非重污染行业。这表明我国的环境规制政策确定对重污染行业的污染治理行业产生显著影响。

图 2-2~图 2-5 为工业行业整体二氧化硫、氮氧、化学需氧量和氨氮排放强度年度变化趋势图。从图中可知，重污染行业的主要污染物排放强度下降非常显著，而非重污染行业的主要污染物排放强度变化趋势则不太有规律。这表明整体上重污染行业受到环境规制政策的冲击尤为明显。值得注意的是，各图中 2012 年主要污染物排放强度均较 2011 年呈上升趋势，可能的原因在于国家统计局在 2012 年启用新的行业分类，可能在统计口径上与之前有些差异。

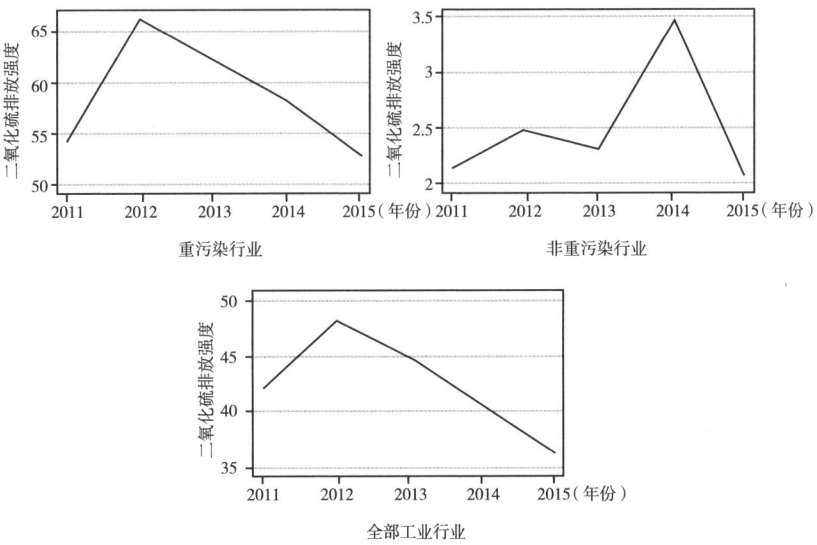

图 2-2　工业行业整体二氧化硫排放强度年度变化

资料来源：根据《中国环境统计年鉴》和《中国工业统计年鉴》数据整理而来。

图 2-6 为采掘业污染治理费用强度年度变化趋势图。从图中可知，重污染行业中的 B06、B07、B08 有着非常明显的污染治理费用强度变化趋势，而非重污染行业中的 B12 则未受到环境规制的明显影响。可初步推算采掘业中的重污染行业受到我国环境规制政策显著

影响，加大了污染治理费用的支出。

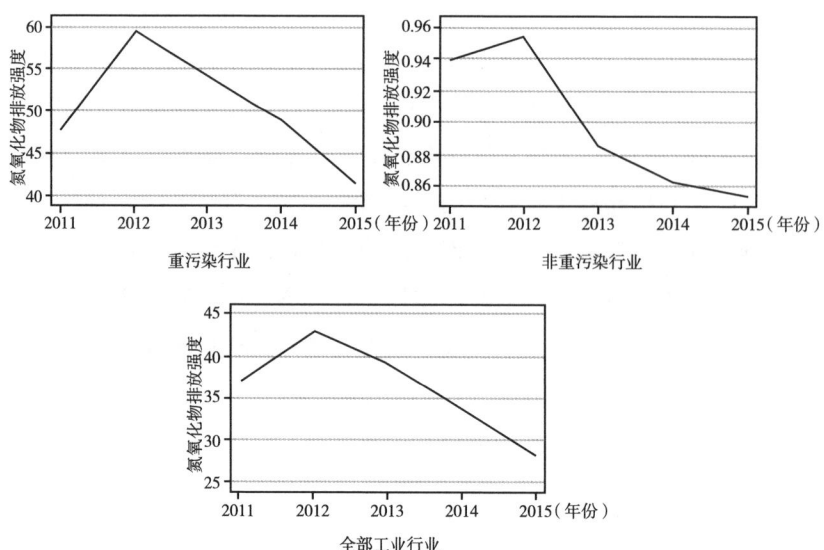

图 2-3　工业行业整体氮氧化物排放强度年度变化

资料来源：根据《中国环境统计年鉴》和《中国工业统计年鉴》数据整理而来。

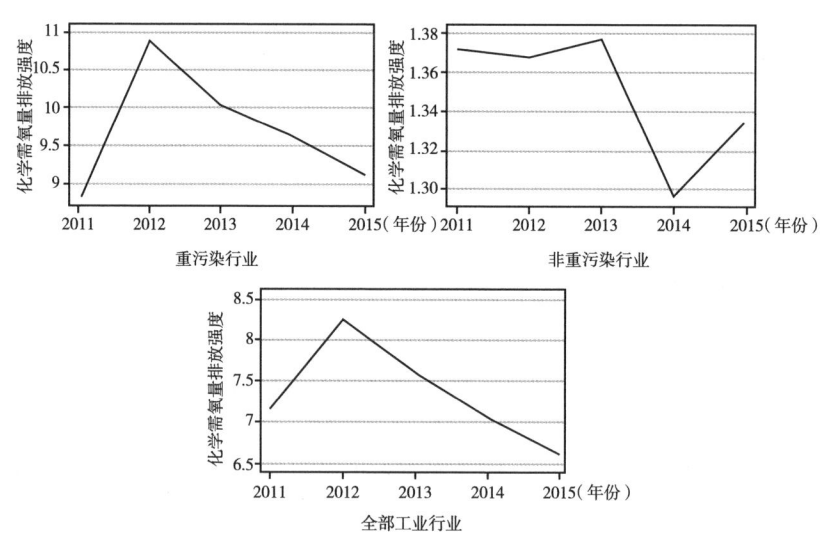

图 2-4　工业行业整体化学需氧量排放强度年度变化

资料来源：根据《中国环境统计年鉴》和《中国工业统计年鉴》数据整理而来。

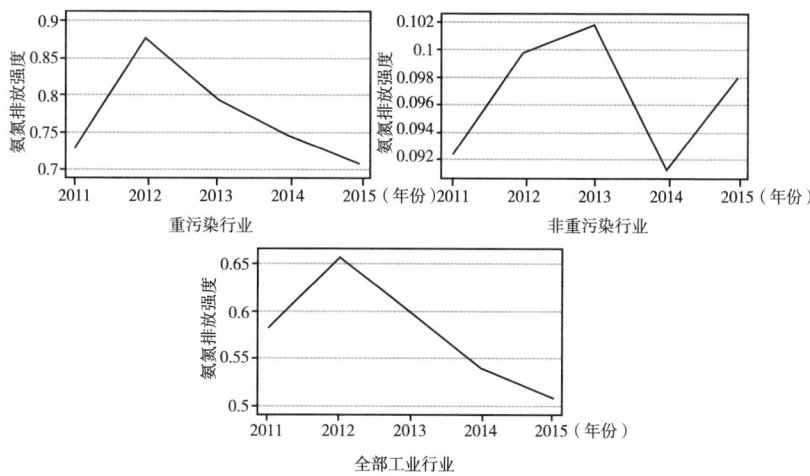

图 2-5　工业行业整体氨氮排放强度年度变化

资料来源：根据《中国环境统计年鉴》和《中国工业统计年鉴》数据整理而来。

图 2-7 为制造业中重污染行业每万元工业销售总产值废水废气治理费用年度变化图。从图中可知，行业 C25、C26、C29、C30、C31、C32 受到环境规制冲击非常明显，污染治理费用支出强度上升速度较快，而 C14、C15、C19、C22、C27 则较少受到冲击。

图 2-8 为制造业中非重污染行业每万元工业销售总产值废水废气治理费用年度变化图。从图中可知，除行业 C20、C23 和 C36 受到环境规制政策冲击，污染治理费用强度呈明显上升趋势外，其他行业未受到显著性的影响。对照图 2-7 制造业中的重污染行业每万元工业销售总产值废水废气治理费用年度变化图可知，整体上制造业中的重污染行业受到环境规制冲击远高于非重污染行业。

图 2-9 为电力、热力、燃气及水生产和供应业每万元工业销售总产值废水、废气治理费用年度变化图。从图中发现，无论是 D44 还是 D45、D46 均呈现出上升趋势，特别是 D46（水的生产和供应业）从 2013 年开始急速上升，从侧面反映出我国开始加大对水污染的重视力度，并从供水源头开始处理。

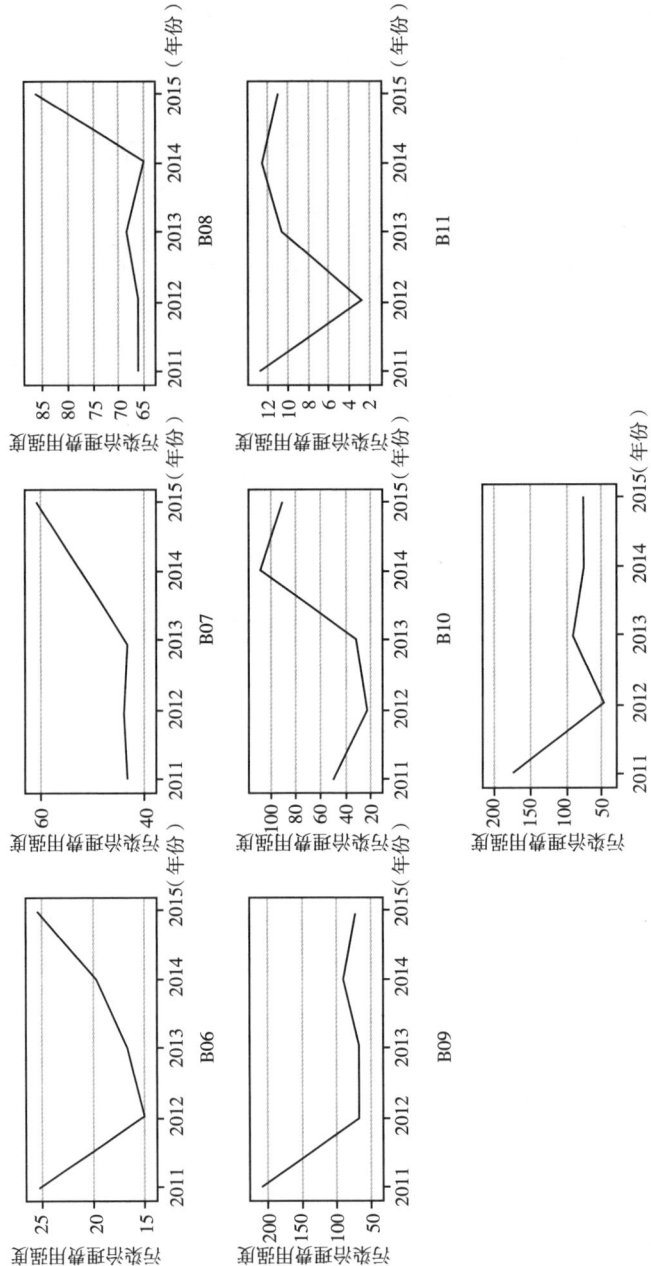

图 2-6 采掘业每万元工业销售总产值废水废气治理费用年度变化

资料来源:根据《中国环境统计年鉴》和《中国工业统计年鉴》数据整理而来。

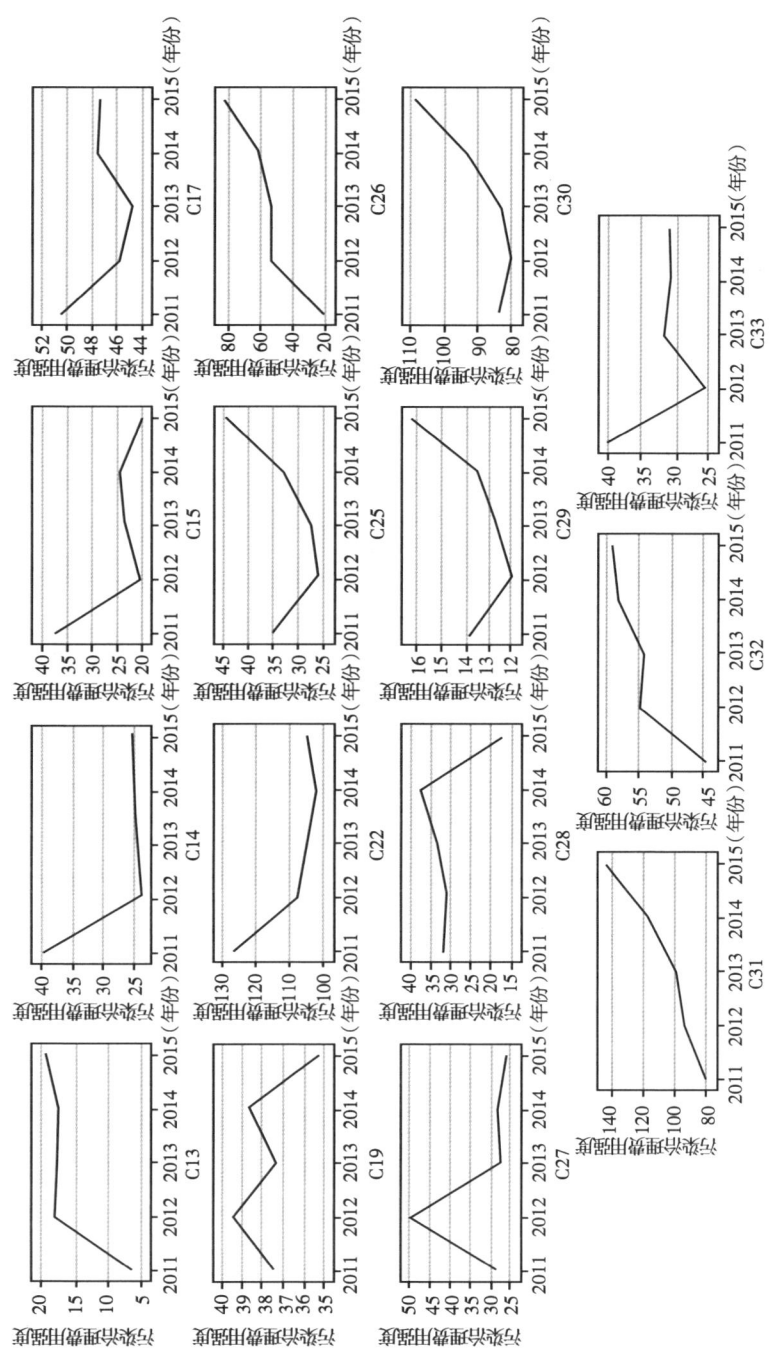

图 2-7 制造业中重污染行业每万元工业销售总产值废水废气治理费用年度变化

资料来源：根据《中国环境统计年鉴》和《中国工业统计年鉴》数据整理而来。

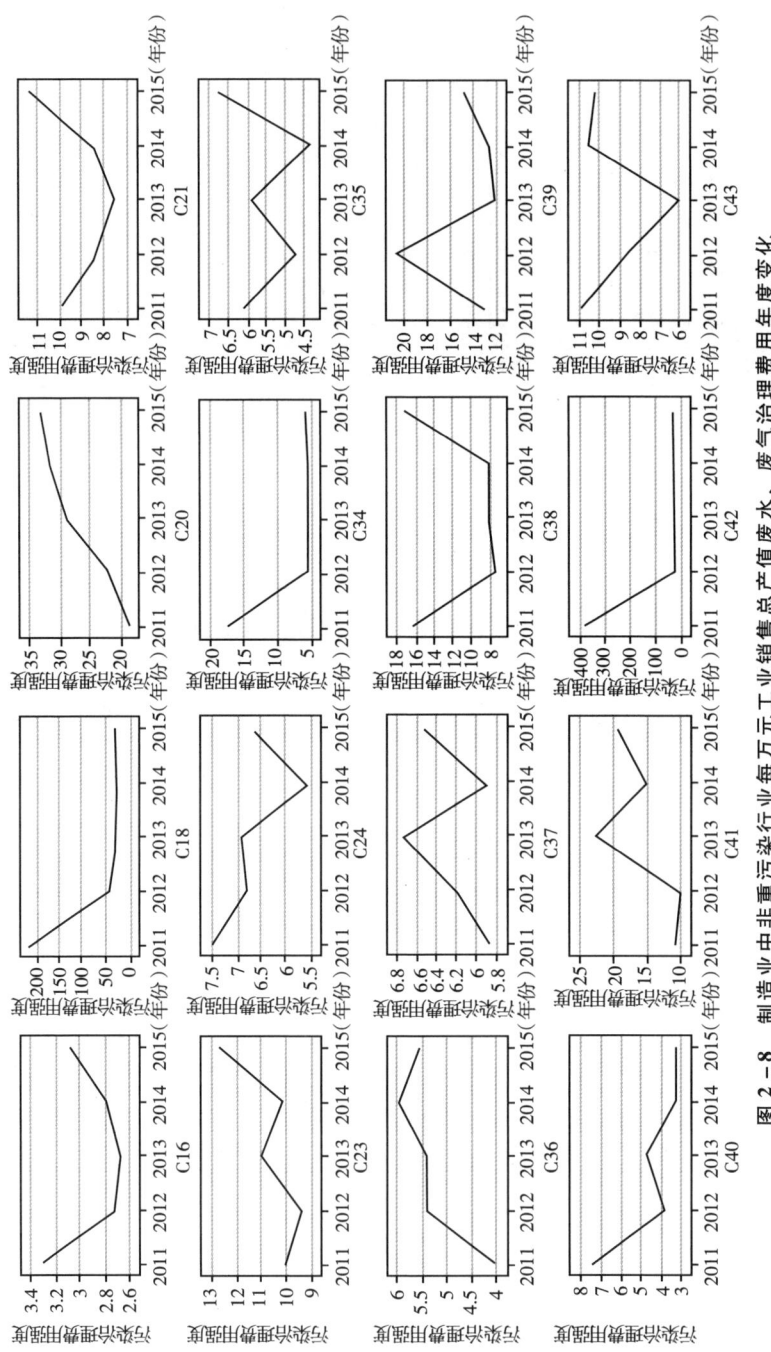

图 2-8 制造业中非重污染行业每万元工业销售总产值废水、废气治理费用年度变化

资料来源：根据《中国环境统计年鉴》和《中国工业统计年鉴》数据整理而来。

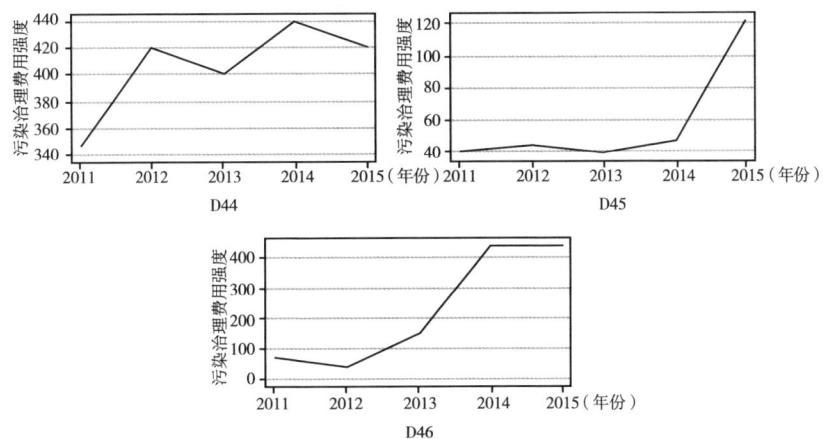

图 2-9 电力、热力、燃气及水生产和供应业每万元工业销售总产值废水、废气治理费用年度变化

资料来源：根据《中国环境统计年鉴》和《中国工业统计年鉴》数据整理而来。

总体而言，无论是从行业的污染治理费用强度还是主要污染物排放强度的变化趋势，我们均发现，工业行业中的重污染行业受到环境规制政策显著的影响，且部分非重污染行业亦受到一定程度的冲击，表明我国的环境规制政策是富有成效的。

2.1.3 环境规制对公司风险影响——基于上市公司年报文本的分析

2.1.3.1 重污染行业上市公司样本分布

如第1章所述，我国环保部在重污染行业划分标准方面，先后发布了《关于印发〈上市公司环保核查行业分类管理名录〉的通知》（环办函〔2008〕373号），以及《重点排污单位名录管理规定（试行）》（环办监测〔2017〕86号）两个标准。考虑到本章主要考察环境规制对公司投资行为的影响，以及研究数据的可获取性，我们主要以2008年版本为基准，界定重污染行业，并依此界定重污染行业上市公司。

根据上述重污染行业分类,自 2008~2017 年我国 A 股上市公司,在重污染行业分类的分布如表 2-2 所示。

表 2-2   2008~2017 年 A 股上市公司重污染行业分布

行业代码	2008年	2009年	2010年	2011年	2012年	2013年	2014年	2015年	2016年	2017年	Total
B06	21	24	26	27	27	26	27	27	27	25	257
B07	3	3	3	3	7	5	3	4	4	5	40
B08	1	1	2	2	6	7	8	8	5	5	45
B09	7	8	14	16	18	20	21	23	24	22	173
B10	0	0	0	0	0	0	0	0	0	1	1
C13	26	27	30	36	37	37	39	38	38	48	356
C14	11	12	19	24	22	22	28	33	38	42	251
C15	26	28	30	31	35	35	36	38	41	42	342
C17	42	42	41	42	42	42	40	40	39	41	411
C19	2	3	4	5	6	6	7	7	8	11	59
C22	26	24	26	27	27	27	26	27	27	28	265
C25	15	15	15	16	18	18	19	18	19	17	170
C26	110	110	139	158	169	174	179	195	201	231	1666
C27	94	107	127	140	139	136	145	160	173	209	1430
C28	21	21	25	28	24	24	24	23	21	22	233
C29	27	30	38	50	53	50	52	51	57	73	481
C30	57	58	61	66	72	72	79	82	79	85	711
C31	27	29	31	32	31	31	30	31	32	31	305
C32	35	39	43	48	50	50	53	58	59	66	501
C33	19	21	34	42	42	42	40	47	52	60	399
D44	55	55	60	60	61	60	61	64	65	70	611
Total	625	657	769	853	886	884	916	974	1009	1134	8707

从表 2-2 可知,我国 A 股上市公司的重污染行业分布,在 2008 年主要集中在 C26(化学原料和化学制品制造业)、C27(医药制造

业)、C30（非金属矿物制品业）、D44（电力、热力生产和供应业）、C17（纺织业）等五个行业；但到2017年则主要集中在C26（化学原料和化学制品制造业）、C27（医药制造业）、C30（非金属矿物制品业）、D44（电力、热力生产和供应业）、C29（橡胶和塑料制品业）等五个行业。从2008～2017年重污染行业分布的变化可知，纺织业发展受到了环境规制的压缩，而橡胶和塑料制品业依然体现出了重化工业的产业发展，表明我国的环境治理依然任重而道远。

2.1.3.2 重污染行业重点排污单位上市公司样本分布

考虑到上市公司行业代码获取方面，在国泰安数据库中仅能获取到行业大类（3位数）代码，而无论是根据2008年环保部的《关于印发〈上市公司环保核查行业分类管理名录〉的通知》（环办函〔2008〕373号），还是根据2017年环保部的《重点排污单位名录管理规定（试行）》（环办监测〔2017〕86号）的分类，均无法仅根据行业大类代码进行精准划分。为此本章除了通过主营业务进行人工判断外，还利用公司年报中有关是否属于环境保护部门监管的重点排污单位进行判断。如某上市公司在大类行业代码上属于重污染行业，且公司年报披露了属于环保部门监管的重点排污单位，则认定该公司为重污染行业重点排污单位。具体而言，即在按行业大类代码进行划分重污染行业标准的基础上，本章继续以重污染行业所属公司的年报中，有关是否属于环境保护部门监管的重点排污单位的描述进行判断，以便更加精准地刻画出受环境规制严格的企业，也就是既属于重污染行业又属于重点排污单位（以下简称"重污染行业重点排污单位"）。考虑到上市公司主要从2016年开始被强制性要求披露是否属于环境保护部门监管的重点排污单位，故本章以2017年年报中有关是否属于环境保护部门监管的重点排污单位为准，在公司行业代码不变的情况下往前倒推。

表2-3为重污染行业重点排污单位上市公司分布表。从表中可

知,重污染行业重点排污单位上市公司主要集中在 C26(化学原料和化学制品制造业)、C27(医药制造业)、D44(电力、热力生产和供应业)、C30(非金属矿物制品业)和 C32(有色金属冶炼和压延加工业)等行业。

表 2-3　　重污染行业重点排污单位上市公司分布

行业	2008 年	2009 年	2010 年	2011 年	2012 年	2013 年	2014 年	2015 年	2016 年	2017 年
B06	14	16	17	18	17	17	18	18	18	18
B07	1	1	1	1	2	2	1	1	1	1
B08	1	1	2	2	5	5	6	6	4	4
B09	7	8	12	12	14	15	16	17	17	15
B10	0	0	0	0	0	0	0	0	0	1
C13	16	17	17	20	19	19	21	21	20	21
C14	9	9	12	15	16	16	20	22	25	28
C15	20	21	22	23	26	26	26	28	31	31
C17	24	24	25	25	24	24	23	22	22	22
C19	2	2	3	3	3	3	3	3	3	4
C22	17	17	19	19	20	20	19	19	20	21
C25	5	5	5	7	8	8	9	9	10	11
C26	75	75	99	110	113	118	124	137	137	155
C27	50	60	73	80	81	79	83	91	97	112
C28	11	11	11	14	14	14	14	14	14	16
C29	10	11	13	17	16	15	16	15	18	20
C30	34	35	36	37	39	41	42	44	41	44
C31	19	20	21	22	23	23	22	23	24	24
C32	24	26	29	31	32	32	33	35	36	37
C33	6	6	8	12	13	13	13	16	16	17
D44	38	38	41	42	42	42	42	42	42	43
合计	383	403	466	510	527	532	551	583	596	645

2.1.3.3 重污染行业相关公司环保风险信息披露分析

中国证监会于2007年开始强制要求披露风险信息，并在2012年的《公开发行证券的公司信息披露内容与格式准则第2号——年度报告的内容与格式（2012年修订）》明确要求在年报中设定"可能面对的风险"栏目，要求针对自身特点，遵循关联性原则和重要性原则披露可能对公司未来发展战略和经营目标产生不利影响的重大风险因素（包括政策性风险、行业风险、业务模式风险、经营风险、环保风险、汇率风险、利率风险、技术风险、产品价格风险、原材料价格及供应风险、财务风险、单一客户依赖风险、核心技术人员变动风险等）。本章根据上市公司在年报中披露的"可能面对的风险"中，是否含有环保风险、环境保护风险或污染风险等文本信息进行判断，如上市公司披露了上述风险，则认为该公司确认了环保风险。具体的处理通过Python自然语言处理进行编程。由于中国证监会自2012年明确要求上市公司披露"可能面对的风险"，故本部分的统计时间段为2012~2017年。

图2-10为重污染行业中披露环保风险公司占比。从图中可知，重污染行业中披露环保风险公司占比从2012年的10%上升到2017年

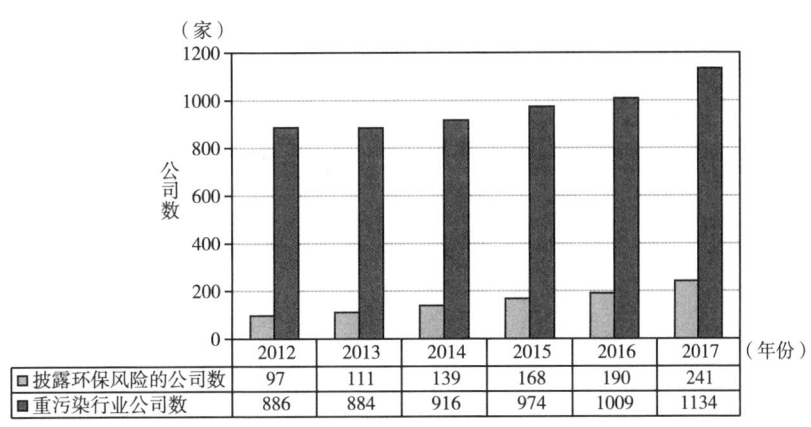

图2-10 重污染行业中披露环保风险公司占比

的21%,一方面表明重污染行业企业对环保风险意识的加强;另一方面亦反映了环境规制政策确实影响到了重污染行业企业的风险管理,因而将对公司的各项投资战略和财务战略产生深远的影响。

为了避免重污染行业大类分类中包括部分环保部门未涉及的非重污染行业企业,我们进一步以重污染行业重点排污单位为总样本,考察其中披露环保风险公司占比情况。图2-11即重污染行业重点排污单位中披露环保风险公司占比。从图中可知,在重污染行业重点排污单位中,披露环保风险的公司占比从2012年的14%上升到2017年的29%,表明约三成的公司已受到环境规制政策的严重冲击,影响到公司的风险。由此,进一步说明环境规制将影响到包括企业投融资行为的各项财务战略,验证了本书选题的意义所在。

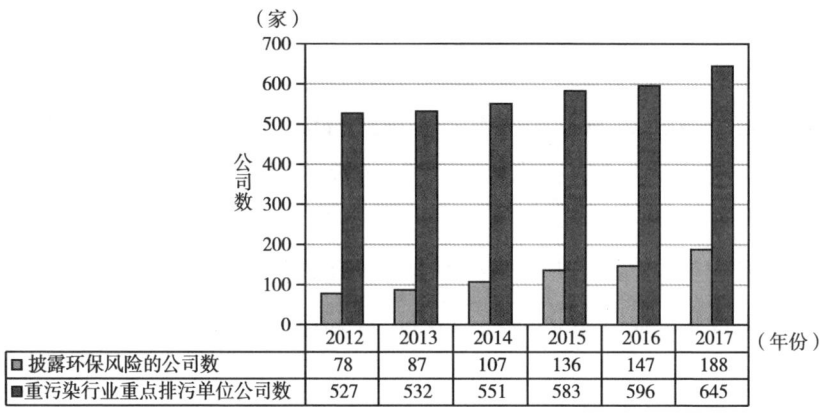

图2-11 重污染行业重点排污单位中披露环保风险公司占比

此外,根据我们的统计,在截至2017年的645家重污染行业重点排污单位中,有40家公司2012~2017年连续6年披露了环保风险;有17家公司在其中5年披露了环保风险;有29家公司在其中4年披露了环保风险;有42家在其中3年披露了环保风险;有50家在其中2年披露了环保风险,有77家在其中1年披露了环保风险。

我们进一步对这40家连续6年披露了环保风险的上市公司进行研究,梳理出其应对环保风险的主要策略(详见附录),主要的应对策略总结如图2-12所示。

第 2 章 研究背景与文献综述

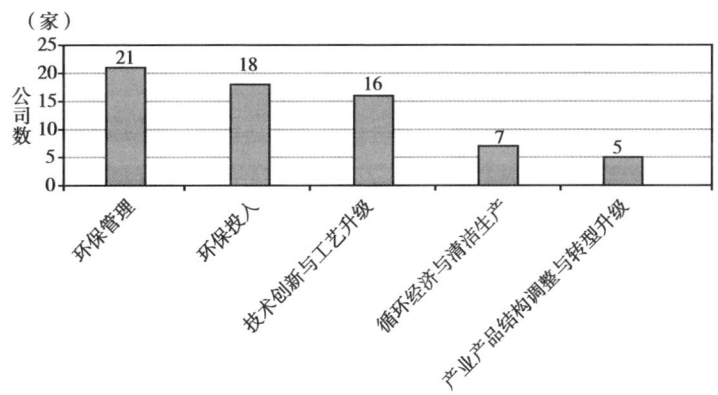

图 2-12　披露环保风险的部分上市公司应对策略

注：部分公司披露的环保风险应对策略不止一条，故合计数不与 40 个样本数等同。

从图 2-12 可知，在披露环保风险的公司中，最主要的应对策略为加强环保管理。但我们注意到，具有实质性应对策略的主要为环保投入、技术创新与工艺升级。此外，发展循环经济与清洁生产、产业产品结构调整与转型升级亦为部分公司所采纳。总体而言，面临环保风险的公司，采用被动遵循环境规制策略（环保管理、环保投入）与主动遵循策略（技术创新与工艺升级、循环经济与清洁生产、产业产品结构调整与转型升级）的比例较为接近。

考虑到环保投入、工艺升级、循环经济与清洁生产、产业产品结构调整与转型升级等可能均涉及固定资产投资，特别是前三者主要集中在原有重污染行业的投资；而技术创新与工艺升级、循环经济与清洁生产、产业产品结构调整与转型升级等均可能涉及研发投入。由此可知，我国严格的环境规制政策，从风险管理的角度已显著影响到重污染行业企业的固定资产投资和研发投入。

2.2　文献综述

本章分别从环境规制对企业整体投资、外部关系以及在外部关系背景下的投资行为影响研究，进行文献综述。

2.2.1 环境规制对企业整体投资行为的影响

现有文献有关环境规制企业整体投资行为的影响研究，主要集中在对 FDI、本土企业投资、研发投入、投资类别等方面，具体包括以下几个方面。

（1）环境规制与 FDI。

环境规制对 FDI 影响的研究非常多，其基本逻辑是：较强的环境规制促进了企业外部成本内部化进程，提高了企业环境治理与生产成本。企业为了规避较高的环境遵循成本而将其生产活动转移到环境标准较低的国家或地区，即"污染避难所"假说（List and Co，2000；Xing and Kolstad，2002）。但 Levinson（1996）、Cole 和 Elliot（2003）、Costantini 和 Crespi（2008）的研究并不支持此类假说。目前学术界对此并未形成一致的结论，原因之一在于企业遵守严格环境规制的成本并不高，不足以显著性地影响 FDI 投资（Wheeler，2001；Madsen，2009）。国内学者利用中国或省级 FDI 数据的研究，多数支持"污染避难所"假说（参见耿强等 2010 年的文献综述部分），傅京燕和李丽莎（2010）、朱平芳等（2011）则进一步加入省级政府效率和地方分权等因素，研究环境规制对省级 FDI 的影响，结论在一定程度上支持"污染避难所"假说。

（2）环境规制与本土企业投资。

Garofalo 和 Malhotra（1995）利用 1983～1989 年美国各州的行业数据，研究发现环境规制对本土企业投资产生了微弱的负面影响。Greenstone（2002）利用 1967～1987 年美国重污染企业的微观数据，发现在环境质量未达标的地区，严格的环境规制减少了企业 370 亿美元的资本存量，滞碍了企业的本土投资。而 Leiter（2011）利用欧洲制造业行业数据，发现环境规制推动（但强度逐步减弱）了重污染行业企业的欧洲本土投资。许松涛和肖序（2011）则直接研究了中国环境规制对重污染企业投资效率的影响，发现环境规制从整体上降低了重污染行业的投资效率，但在不同的产权结构和地区其影响方向与程度不一。

（3）环境规制与研发投入。

Porter（1991）、Porter和Van de Linde（1995）的"波特假说"认为，政府恰当设计的环境规制可以激发被规制企业的研发投入和技术创新。Jaffe和Palmer（1997）对美国的制造业分析，发现环境规制能够在一定程度上促进企业研发投入。Manderson和Kneller（2012）利用英国制造业的数据亦得到相同的结论，并进一步发现企业在面临环境规制时，对环境治理的研发投入增加将削减对其他方面的研发投入。赵红（2008）的研究亦表明，我国严格的环境规制对研发投入有一定的促进作用。但是，王国印和王动（2011）却发现，"波特假说"在较落后的中部地区得不到支持。马富萍和茶娜（2012）则进一步发现，"命令—控制"型环境规制对技术创新经济绩效和生态绩效的正向影响都不显著，且制度环境在环境规制与技术创新绩效之间起到正向的调节作用。

（4）环境规制与投资类型。

Jorgenson和Wilcoxen（1990）发现，企业应对环境规制通常采用两种方法，即投资于尾端治理的污染减排技术或改变生产流程以达到环保标准。其中尾端治理投资是企业最为常见应对环境规制的行为。Gray和Shadbegian（1998）对美国造纸业的研究表明，由于高昂的退出成本，企业在应对环境规制时，对尾端治理投资与生产性投资是同步进行的，且呈现负相关关系。企业对尾端治理每投资1美元，将降低生产性投资1.88美元，形成尾端治理投资对生产性投资的挤出效应。

2.2.2 环境规制对企业外部关系的影响研究

此部分的文献主要集中在环境规制与政府关系、银行关系和公众关系等方面,具体如下所述。

(1) 环境规制与企业政府关系。

姚圣(2012)用弹簧模型研究发现,企业的政府关系有助于缓冲中央政府环境政策的影响。除此之外尚无环境规制对政府关系构建影响的研究文献,且已有的企业政府关系研究文献,过多地集中于政府关系的经济后果,较少涉及对企业构建政府关系动机的深入分析(石晓乐和许年行,2009)。

从文献的可借鉴角度看,新兴市场与发展中国家的企业,构建政府关系的目的在于作为市场与法律制度缺失的一种替代机制。企业与政治家的联系不仅保护了企业避免其被侵占的可能,而且也是企业优先获得政府补助、融资机会和税收减免的途径(Shleifer and Vishny,1994;Faccio et al.,2006;Claessens et al.,2008)。另外,在转型经济国家和地区,由于政府掌握了各类资源,良好的政府关系为企业获取各类资源和信息提供了方便(Li et al.,2008)。但也有研究表明在发达国家政府关系亦非常盛行(Goldman et al.,2009;Cooper et al.,2010;Boubakri et al.,2012)。Boubakri 等(2008)则发现在发达国家和发展中国家,属于管制性行业的企业政府关系现象较普遍。Boubakri 等(2012)同样以发达国家和发展中国家的企业为样本,发现政府关系有助于经济下行时企业获得政府救助担保和预算软约束,从而降低企业风险。

在理论研究上,杨其静(2011)借助一个品质纵向差异竞争模型的研究发现,如果政府被授予的财力和处置权很大,而企业提升和维护产品品质优势却很困难时,企业将热衷于政府关系而不是能力建设,以便获得某种竞争优势。在问卷调查研究上,高海涛和田志龙(2007)对企业高管的调查显示,企业的经济资源、高层的管理导向和非市场环境的不确定性对我国企业的非市场行为(企业与社会和政治利益相关者打交道的行为)具有显著的影响,政府对企业的管制和干预导致了企业非市场缓冲活动的增加。

(2) 环境规制与银行关系。

目前尚无环境规制对银行关系构建影响的研究文献。现有文献关于银行关系的正面后果研究，可为我们反推出企业构建银行关系的影响因素，为本书相关研究部分作参考。

银行关系的构建有助于解决借款人与银行之间的代理问题和信息不对称（Boot，2000；Degryes and Ongena，2002），因而良好的银行关系能缓解企业的融资约束。Shen 和 Wang（2005）以中国台湾企业为样本，利用投资现金流量敏感度模型，研究发现拥有良好银行关系的企业，将更少地截留现金流量用于未来的投资支出，表明银行关系有助于企业降低融资约束。Saeed 和 Esposito（2012）以英国公司的数据研究表明，在公司投资资金筹集方面，企业与关系银行的集中度能有效缓解企业的融资约束，企业对长期负债的依赖表现出较低的融资约束。郭田勇和李贤文（2006）对我国企业贷款数量和银行关系的研究，亦发现企业的长期银行关系对大企业的贷款有显著性正向影响。罗正英等（2011）以深交所中小企业板上市公司在上市前的数据作为研究样本，发现银行关系的密切程度对中小企业信贷融资具有"正"向效应，广泛开展建立在银行关系基础上的关系融资技术，将有助于缓解中小企业融资难的问题。

(3) 环境规制与公众关系。

相关文献主要从社会压力或监管机构视角研究企业公众关系的构建，其中公众关系的构建包括企业社会责任活动、社会责任报告和环境信息披露等方面。如 Brown 等（2006）的研究表明，为了使监管机构和政策制定者对其有良好的态度，受管制的企业趋向于通过各类社会责任活动建立起良好声望，以引导更多媒体的正面报告。Fooks 等（2011）的研究发现，烟草公司利用社会责任活动与政府官员进行沟通，表达了"合作与共识"的重要性，并传递了"公司对政府行为支持"的信息。

来自社会压力对公众关系构建的影响更为丰富。Frederick（1986）

认为，社会环境的剧烈改变导致企业不得不重新思考自身与社会的关系问题，也不得不考虑如何对许多迫在眉睫的社会需求做出回应，而社会责任被视为企业对社会压力的回应方式。Jenkins（2004）、Jenkins 和 Yakovleva（2006）的研究发现，为了缓解社会公众对企业业务的负面看法，社会责任活动成为采掘业企业构建公众关系的重要机制。Mutti 等（2012）对阿根廷采掘业公司的研究表明，由于来自社会的压力日趋增加，采掘业企业更加主动地使用社会责任活动来缓解与公众的冲突。

基于合法性理论的实证研究亦发现，环境监管政策和压力促使企业进行社会责任与环境信息披露，以回应其对企业"合法性"地位的质疑（Barth et al., 1997；Freedman and Jaggi, 2005；王建明，2008；杨熠等，2011；沈洪涛和冯杰，2012）；另外，来自社会的压力（Patten, 2002；Cho and Patten, 2007；肖华和张国清，2008）和媒体监督（Brown and Deegan, 1998；Brammer and Pavelin, 2008；Aerts and Cormier, 2009；沈洪涛和冯杰，2012）亦影响到企业的环境信息披露。尽管 Guidry 和 Patten（2012）对近 20 年的环境信息披露研究文献的分析表明，企业的环境信息披露更多的是基于合法性动机，环境绩效越差的企业更有可能披露更多的环境信息。但 Clarkson 等（2011）却发现企业的自愿性环境信息披露确实能显著性地提高公众对企业的良好认知。

2.2.3 企业外部关系对其投资行为影响的研究

此部分的文献主要集中在政府关系、银行关系和公众关系对企业投资行为的影响研究，具体如下所述。

（1）政府关系与企业投资。

政府关系对企业投资影响的文献，主要集中于以中国为背景的研究。在投资规模影响上，陈运森和朱松（2009）的研究表明，政府关系使企业提高了投资规模，且与地方政府的政府关系对企业投资作用要强于与非地方政府的关联。Zhou（2013）以我国企业为样本，发现有政府关系的企业将更多的税后盈余进行再投资，这种情况在小企业及内陆和北方省份更为突出；在投资效率的影响上，现有的研究结论并不一致。从非国有企业研究样本看，梁莱歆和冯延超（2010）的研究表明，有政府关系的民营企业过度投资水平显著高于非关联企业。连军等（2011）发现，在市场化程度较低的地区，有政府关系的民营企业投资效率较低，但对市场化程度较高的地区则没有显著影响。从含全部产权性质的研究样本看，谭燕等（2011）、张兆国等（2011）发现政府关系紧密的企业更倾向于过度投资。胡国柳和周遂（2012）的研究表明，在政府关系所引起的管理者过度自信心理的作用下，企业会加剧其过度投资水平，而缓解其投资不足状况。但张功富（2011）却发现，政府关系与过度投资和投资不足均负相关，表明政府关系可以作为法律保护的替代机制来保护企业产权免受政府损害。而Chen（2011）的研究发现，政府关系降低了我国国有企业的投资效率，但对非国有企业没有影响。

在政府关系对企业研发投入方面的研究，Hamberg（1966）、Hu（2001）、解维敏等（2009）发现政府补助能够有效地提升企业的研发水平。江雅雯等（2012）进一步发现，在市场化程度越低、经济越不发达的地区，政府关系对企业研发参与的促进作用也越大。但逯东等（2012）却发现政府关系尽管能给企业带来更多的政府补助，创业板的高新技术企业并没有有效地将政府给予的资源投入技术研发上，反而削弱了企业的研发创新能力。

（2）银行关系与企业投资。

Shen和Wang（2005）发现拥有良好银行关系的中国台湾企业，将更少地截留现金流量用于未来的投资支出；从银行参股企业的视角看，Park（2000）理论模型研究表明，当银行持有企业的股份金额小于债权金额时，企业的投资效率为最优。而当银行持股比例越高，银行越有可能允许企业进行高风险项目的投资。王善平和李志军（2011）发现在企业过度投资和投资不足的程度方面，银行持股企业的投资效率要高于非银行持股企业；从银行授信的视角看，应千伟和罗党论（2012）的研究表明，总体来说银行授信有助于提高投资效率的功能。但在融资约束越小、公司治理质量越差、政府关系越强的企业中，授信额度可能引起过度投资和投资效率的扭曲。另外，银行授信对国有企业过度投资的影响显著，而对民营企业的影响不显著（罗党论等，2012）。

在银行关系对企业研发投入的影响方面，von Rheinbaben 和 Ruckes（2004）的理论研究表明，良好的银行关系有助于避免企业机密信息外泄，因此，创新型企业为了研发创新，更愿意构建银行关系；Herrera 和 Minetti（2007）以银企间借贷关系的持续时间作为银行关系度量指标，发现银行关系有助于企业的研发创新活动；Giannetti（2012）从关系信贷的视角亦发现银行关系推进了大企业的研发创新活动，但对小企业没有影响。

（3）公众关系与企业投资。

社会公众关系对企业投资行为的影响研究，集中在 FDI 方面。如 Jakobsen（2011）的研究已表明，社会公众的经济民族主义意识显著性地影响到所在国的 FDI 投资。而文化障碍和信誉障碍均对 FDI 有负面影响（Lankhuizen et al.，2011；De Simone 和 Manchin，2012）。Cui（2011）的研究则表明，我国企业对外投资是使用子公司还是合营模式，受东道国的文化障碍等因素影响。

2.2.4 简要评述

通过上述国内外相关研究成果的初步分析，我们发现，国内外围绕环境规制下的企业投资行为研究，具有以下需要改进的方面：

第一，环境规制对企业投资行为的影响方面，较少结合企业特性的微观层面研究。目前的研究，主要利用行业或地区国别层面的中宏观数据，考察环境规制强度对某行业或多个行业或 FDI 投资的影响，使我们难以了解环境规制对行业内部各个不同性质企业的投资行为影响。已有的少数涉及微观层面的研究，并没有深入环境规制与企业各类外部关系的交互作用对投资行为的影响。

第二，缺少对环境规制背景下的企业外部关系构建的研究。现有的资源依赖理论主要从投资风险、资产专用性、供应链管理等方面研究为什么独立组织要进行各类连锁董事、联盟、合营和并购等组织间安排。而我国的绿色信贷、绿色证券、淘汰落后产能政策、主要污染排放物总量控制政策等环境规制工具，具有非常强烈的外部干预性质，对重污染行业企业的融资、投资立项等产生深远的影响，为从资源依赖理论视角研究企业的外部关系构建提供了很好的研究空间。但遗憾的是，基于环境规制政策下的企业外部关系构建研究，无论是从理论上还是经验研究上都非常匮乏。

第三，缺乏基于重污染行业企业投资目的的公共关系构建研究。虽然近年来的厦门 PX 项目、大连福佳、四川什邡钼铜、江苏南通王子制纸排海工程等案例表明，公众的环保认知影响到企业投资行为。但现有的企业社会责任活动、社会责任与环境信息披露的研究，缺乏从企业投资的视角，研究企业进行上述活动的动机与构建。

基于上述考虑，本书以资源依赖理论为主线，研究环境规制与企业外部关系构建对其投资行为的影响。本书试图回答如下的问题：（1）我国的环境规制政策对行业整体的投资机会与投资决策产生什么样的影响；（2）企业为了应对日趋增强的环境规制，是否显著性地加强了政府关系、银行关系和社会公众关系的构建；（3）环境规制与企业外部关系的交互作用，对企业的固定资产投资、研发投入产生了什么样的影响，有什么样的后果；（4）基于预期投资的考虑，企业是否增进了外部关系的构建与维护。通过上述问题的回答，本书不仅推进了规制经济学、资源依赖理论和公司投资理论的研究范畴和视角，更为政府环境规制决策提供经验证据和有价值的政策建议。

环境规制、企业外部关系构建与投资行为研究

Chapter 3

第3章 环境规制与企业投资行为
——基于工业行业数据的分析

第3章 环境规制与企业投资行为——基于工业行业数据的分析

本章首先利用中经网统计数据库中有关《中国环境统计年鉴》和《中国工业统计年鉴》数据,分析在环境规制背景下,重污染行业整体的固定资产投资与研发投入情况,进而从变化趋势的角度考察环境规制对整体行业企业投资行为的影响。同时为了便于深入理解环境规制的作用效果,本章还将重污染行业与非重污染行业数据进行了对比。

3.1 环境规制与企业固定资产投资

3.1.1 基于行业门类的分析

根据中经网统计数据库显示,有关分行业门类固定资产投资的数据主要从2004年开始。故本章首先考察2004年的工业行业各门类固定资产投资情况。按国家统计局的行业划分标准,工业行业包括采矿业,制造业和电力、热力、燃气及水生产和供应业三大行业门类。表3-1为工业行业分门类2004~2017年年度固定资产投资数据。

表3-1　工业行业分门类年度固定资产投资数据　　单位:亿元

年份	全部工业行业	采矿业	制造业	电力、热力、燃气及水生产和供应业
2004	22308.58	2126.25	14657.20	5525.13
2005	30927.41	3234.27	20406.58	7286.56
2006	38749.24	4152.52	26336.05	8260.67
2007	49821.77	5256.14	35476.72	9088.91
2008	63704.16	6846.77	46368.30	10489.09
2009	80422.35	8170.83	58706.07	13545.45
2010	98771.21	9694.72	74485.18	14591.31
2011	128972.4	11746.85	102566.33	14659.22

续表

年份	全部工业行业	采矿业	制造业	电力、热力、燃气及水生产和供应业
2012	154374.57	13298.75	124403.90	16671.92
2013	181862.14	14648.78	147584.43	19628.93
2014	204259.9	14537.15	166897.74	22825.01
2015	219914.33	12971.30	180233.40	26709.63
2016	227891.7	10319.72	187835.98	29736.00
2017	232618.76	9208.95	193615.67	29794.14

资料来源：中经网统计数据库，全部工业行业数据与三大工业门类数据之和不相等源于部分统计数据缺失。

图3-1为工业行业门类固定资产投资年度增长率。其中，行业固定资产投资年度增长率以年度行业固定资产投资额除以上年度行业固定资产总额计算而来。从图3-1可知，所有工业行业整体上固定资产投资增速呈现出下降趋势，这与我国经济发展模式的转变有关。改革开放以来中国的经济增长主要依赖于生产要素投入，呈现出粗放型增长方式的特点（王小鲁等，2009）。这种增长方式虽为中国潜在经济增长提供了平均9.5%的增速，但近10年来其中约有2%为环境污染所付出的代价（袁富华，2010），考虑到环境容量的限制，粗放

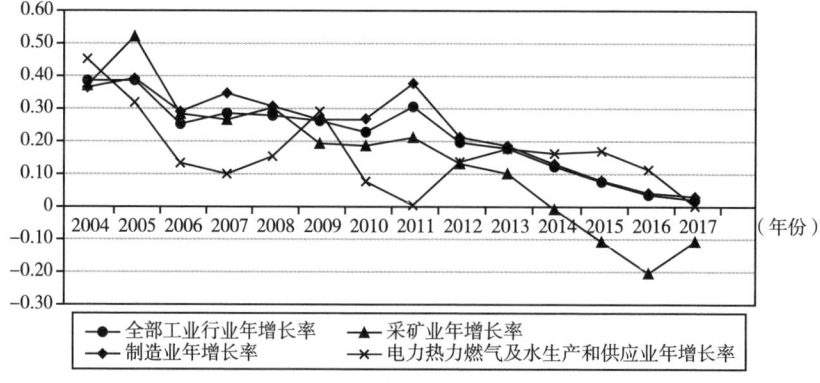

图3-1 工业行业大类固定资产投资年度增长率
资料来源：根据中经网统计数据库相关数据计算而来。

型经济增长方式已难以为继,国家经济发展模式转型升级已迫在眉睫。因此,工业行业门类固定资产投资年度增长率的变化趋势,在一定程度上反映了我国经济发展模式与产业转型升级的变化。

值得注意的是,制造业与所有工业行业,在固定资产投资年度增长率的变化趋势方面具有较高的一致性,而采矿业的固定资产年度增长率速度则远低于全部工业行业。考虑到采矿业中主要行业大类的重污染特性,在一定程度上反映出环境治理对采矿业固定资产投资的负面影响。而制造业与电力、热力、燃气及水生产和供应业均含有大量非重污染行业大类,难以从图3-1中考察环境规制对重污染行业企业固定资产投资的影响,需要进一步细分行业大类进行研究。

此外,从图3-1可知,制造业2007~2009年的固定资产投资强度有着非常明显的上升趋势,究其原因在于是2007年的金融危机以及后续的国家"四万亿"投资政策影响。为了规避此时间段受"四万亿"投资政策的噪声影响,更好地反映出环境规制对企业投资行为的作用效应,后续的行业分析将规避2007~2009年时间段,以"十二五"规划开始的2011年及以后年度进行分析。

3.1.2 基于行业大类的分析

表3-2为工业行业分大类固定资产年度固定资产投资数据,统计时间段为2011~2017年。从表中可知,2011~2017年,工业行业整体的固定资产投资增长率为80%。7年内固定资产投资增长率最快的五个工业行业大类分别为C42(废弃资源综合利用业,261%)、C21(家具制造业,211%)、D46(水的生产和供应业,204%)、C19(皮革、毛皮、羽毛及其制品和制鞋业,154%)和C39(计算机、通信和其他电子设备制造业,145%)。除了C19涉及重污染行业外,其他固定资产投资增长率排名前五的行业均为非重污染行业。

表 3-2 工业行业分大类固定资产年度固定资产投资数据　　单位：亿元

行业代码	2011 年	2012 年	2013 年	2014 年	2015 年	2016 年	2017 年
B06	4907.26	5370.24	5212.57	4684.47	4006.66	3037.68	2648.38
B07	3021.96	3076.51	3820.61	3947.87	3424.93	2330.97	2648.93
B08	1235.41	1509.28	1648.41	1661.28	1365.72	978.32	751.19
B09	1241.20	1385.47	1593.49	1625.78	1588.18	1428.72	1109.14
B10	1290.98	1602.23	1800.39	2049.09	2092.10	2126.24	1754.58
B11	—	310.23	517.59	508.30	424.46	342.76	237.66
B12	50.04	44.79	55.72	60.36	68.18	75.03	59.08
C13	5233.75	6858.71	8580.12	9994.02	10761.20	11786.39	11985.99
C14	2404.89	3061.51	3685.93	4447.11	5089.01	5824.83	5842.82
C15	—	2581.53	3386.60	3919.33	4090.07	4106.03	3833.91
C16	268.58	238.83	303.04	283.96	265.40	209.20	185.24
C17	3656.14	3971.46	4725.99	5318.85	6001.60	6642.57	6936.14
C18	2268.66	2530.65	3114.44	3711.08	4528.53	4780.91	4976.79
C19	931.13	1312.92	1715.40	1967.25	2163.81	2305.88	2368.07
C20	1900.31	2407.12	2920.51	3450.82	4116.60	4307.71	4456.49
C21	1196.40	1531.99	1933.10	2448.95	2881.83	3067.62	3729.43
C22	1922.57	2215.78	2635.79	2801.90	2812.80	3091.33	3090.96
C23	876.18	1056.58	1283.17	1606.47	1849.60	1853.84	1797.10
C24	—	1140.90	1412.84	1794.71	2328.35	2641.92	2830.35
C25	2268.48	2500.45	3039.13	3208.49	2538.65	2696.23	2676.77
C26	8786.50	11263.04	13210.42	14516.39	14990.88	14753.10	13903.18
C27	2648.93	3578.13	4529.35	5191.93	5811.88	6299.15	5986.26
C28	744.04	845.96	1049.40	1099.20	1112.21	1116.04	1330.36
C29	—	4343.26	5246.82	5932.30	6530.78	7015.02	6979.37
C30	10344.18	12061.58	13756.54	15785.57	16747.63	16869.33	16952.76
C31	4118.39	5167.13	5098.67	4781.30	4257.19	4161.46	3804.20

续表

行业代码	2011年	2012年	2013年	2014年	2015年	2016年	2017年
C32	3720.34	4531.39	5550.28	5813.80	5580.13	5258.54	5038.38
C33	5056.76	5882.07	7136.83	8631.16	9490.64	10111.29	10389.88
C34	7681.35	8474.79	10490.85	12143.19	13363.93	13060.71	13246.83
C35	5863.21	8463.26	10017.43	11384.92	12353.36	12037.02	12346.63
C36	—	8060.70	9338.52	10093.43	11515.29	12036.91	13099.94
C37	—	2319.82	2714.69	3156.95	3226.31	2929.57	2985.67
C38	7881.21	8280.06	9210.61	10403.51	11314.53	12781.51	13346.71
C39	5258.97	5957.26	7187.18	7972.82	9036.06	10464.45	12913.91
C40	—	1309.11	1411.33	1487.11	1645.94	1746.34	1975.13
C41	—	1433.77	1607.17	2034.12	2179.59	2205.22	2633.88
C42	469.04	720.79	963.94	1189.96	1312.13	1375.38	1694.91
C43	—	303.34	328.33	327.14	337.50	300.46	277.62
D44	11603.47	12947.93	14726.36	17432.47	20260.41	22637.68	22055.21
D45	1244.43	1604.67	2210.24	2241.59	2331.49	2134.80	2229.78
D46	1811.33	2119.32	2692.33	3150.94	4117.72	4963.52	5509.15
工业合计	128972.40	154374.57	181862.14	204259.90	219914.33	227891.70	232618.76

资料来源：中经网统计数据库，空白处为缺失值。

对于7年内固定资产投资增长率最慢的五个工业行业大类分别为B06（煤炭开采和洗选业，-46%）、B08（黑色金属矿采选业，-39%）、C16（烟草制品业，-31%）、B07（石油和天然气开采业，-12%）、B09（有色金属矿采选业，-10%）。固定资产投资增长率最慢的工业行业大类中，除了烟草制品业外，其他均为重污染行业中的采矿业，且其增速为负数。通过工业行业大类固定资产投资增长率的比较分析可知，重污染行业的固定资产投资增长率显著低于非重污染行业增长率，在一定程度上反映了我国经济发展模型转型升级和环境规制对重污染行业企业固定资产行为的影响。

3.2 环境规制与企业研发投入

如前所述,考虑到 2007~2009 年金融危机与国家"四万亿"经济政策的影响,以及中经网统计数据库中工业行业研发数据始于 2011 年。故本部分的研究时间区间为 2011~2017 年。

3.2.1 基于行业门类的分析

表 3-3 为工业行业分门类年度研发投入数据。从表中可知,2011~2017 年,全部工业行业研发投入总增长率为 100%,其中采矿业研发支出总增长率为 1%,制造业研发支出总增长率为 148%,电力、热力、燃气及水生产和供应业研发支出总增长率为 132%。由于工业特别是制造业为我国经济增长的主力,其研发支出的快速增长表明创新驱动的经济发展战略初有成效。但值得注意的是,采矿业的研发支出总增长基本没有变化,亦反映了资源型行业的经济转型任重而道远。

表 3-3　　　工业行业分门类年度研发投入数据　　　单位:亿元

年份	全部工业行业	采矿业	制造业	电力、热力、燃气及水生产和供应业
2011	5993.81	252.58	4664.05	45.87
2012	7200.65	280.06	6845.70	52.13
2013	8318.40	273.89	7950.23	65.96
2014	9254.26	275.03	8880.73	72.61
2015	10013.93	247.39	9640.19	94.33
2016	10944.66	244.57	10569.26	96.63
2017	12012.96	256.48	11608.36	106.44

资料来源:中经网统计数据库。

图 3-2 为工业行业分门类研发投入年度增长率。从图中可知,工

业行业整体上年度研发投入增长率呈现出逐年下降的趋势,但值得欣慰的是,采掘业自 2015 年研发支出年度增长率见底后,开始出现逐年上升的趋势。制造业研发支出年度增长率亦从 2015 年开始呈现出平稳势态。

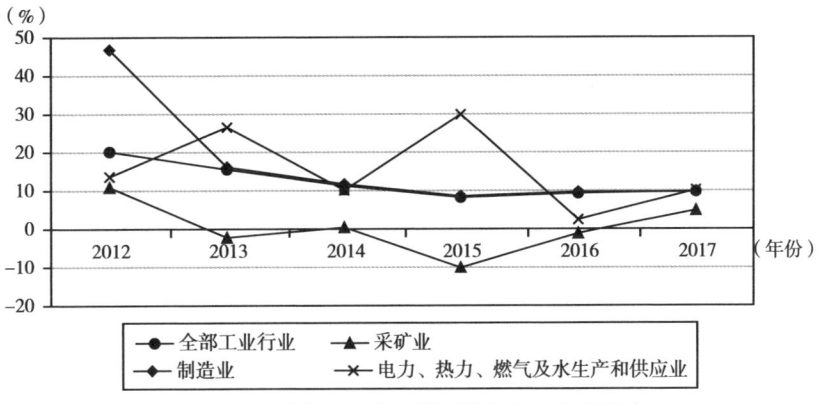

图 3－2　工业行业分门类研发投入年度增长率

3.2.2　基于行业大类的分析

表 3－4 为工业行业分大类研发投入年度数据,统计时间段为 2011～2017 年。从表中可知,2011～2017 年,研发投入增长率最快的前五个行业分别为:D45（燃气生产和供应业,801%）、C21（家具制造业,513%）、D46（水的生产和供应业,423%）、C19（皮革、毛皮、羽毛及其制品和制鞋业,321%）、C20（木材加工和木、竹、藤、棕、草制品业,316%）。在上述研发投入增长最快的行业中,除了皮革、毛皮、羽毛及其制品和制鞋业属于重污染行业外,其他均为非重污染行业。

表 3－4　　　　工业行业分大类研发投入年度数据　　　单位:亿元

行业代码	2011 年	2012 年	2013 年	2014 年	2015 年	2016 年	2017 年
B06	145.13	157.88	156.55	151.49	143.30	132.07	148.91
B07	82.13	86.24	80.69	84.36	62.53	63.89	57.26
B08	4.13	6.11	7.74	8.96	9.21	10.37	7.25

续表

行业代码	2011 年	2012 年	2013 年	2014 年	2015 年	2016 年	2017 年
B09	13.92	22.14	21.75	20.27	21.99	27.09	31.19
B10	7.27	7.69	7.15	9.95	10.36	11.15	11.87
B11	—	—	—	—	—	—	—
B12	—	—	—	—	—	—	—
C13	92.07	135.72	172.98	195.92	216.00	249.72	274.58
C14	62.61	86.86	98.53	112.67	135.43	152.82	148.05
C15	—	80.05	82.74	98.80	90.00	100.64	99.79
C16	15.97	19.80	22.11	20.92	20.79	21.43	19.79
C17	136.02	138.03	158.49	177.70	207.67	219.94	233.18
C18	28.95	55.59	69.29	74.16	90.08	106.97	110.49
C19	15.44	27.44	33.89	40.09	51.05	59.02	65.10
C20	14.47	18.72	27.16	32.72	42.82	52.87	60.27
C21	9.03	14.53	22.47	27.07	33.01	42.87	55.43
C22	55.89	75.80	87.79	96.42	107.61	122.76	144.60
C23	19.01	24.58	30.39	34.24	36.90	46.75	53.94
C24	—	34.12	49.59	65.54	73.71	91.89	100.47
C25	62.54	81.64	89.32	106.57	100.84	119.63	146.60
C26	469.92	553.60	660.37	746.54	794.46	840.75	912.48
C27	211.25	283.31	347.66	390.32	441.46	488.47	534.18
C28	58.76	63.44	66.79	75.01	78.50	83.82	106.07
C29	—	172.87	199.46	227.90	242.60	278.77	307.19
C30	139.72	163.57	215.03	246.46	277.62	323.08	362.81
C31	512.65	627.85	633.04	642.05	561.23	537.71	638.75
C32	190.19	271.15	301.11	330.55	371.55	406.82	461.62
C33	111.29	187.44	230.02	251.24	282.66	326.35	343.17
C34	406.67	474.60	547.89	620.60	632.65	665.73	696.82
C35	365.66	424.94	512.32	540.87	567.14	577.13	636.94
C36	—	570.61	680.22	787.17	904.16	1048.74	1164.56
C37	—	342.75	372.09	426.15	435.90	459.63	428.83
C38	624.01	704.16	815.39	922.85	1012.73	1102.38	1242.38

续表

行业代码	2011年	2012年	2013年	2014年	2015年	2016年	2017年
C39	941.05	1064.69	1252.50	1392.51	1611.68	1810.97	2002.76
C40	120.87	123.72	149.29	169.03	180.93	185.70	210.24
C41	—	19.25	14.53	18.61	27.31	28.06	32.64
C42	—	—	—	—	—	—	—
C43	—	4.86	7.79	10.04	11.75	17.84	14.66
D44	42.81	46.79	58.45	61.90	81.43	81.57	85.77
D45	1.23	2.00	3.58	5.56	6.39	7.66	11.09
D46	1.83	3.34	3.93	5.15	6.52	7.40	9.58
全部工业行	5993.81	7200.65	8318.40	9254.26	10013.93	10944.66	12012.96

注：数据来源于中经网统计数据库，空白处为缺失值。

2011~2017年，研发投入增长率最慢的前五个行业分别为：B07（石油和天然气开采业，-30%）、B06（煤炭开采和洗选业，2%）、C16（烟草制品业，23%）、C31（黑色金属冶炼和压延加工业，24%）、B10（非金属矿采选业，63%）。除了烟草制品业外，工业行业研发投入增长率最慢的前五个行业均为重污染行业，且与资源型行业相关，表明我国的经济转型和创新驱动发展战略任重而道远。

总体而言，结合工业行业分大类固定资产投资与研发投入增长率的情况，国家经济转型与环境规制对抑制重污染行业企业的固定资产投资影响较大，但对推进重污染行业的研发投入与创新驱动影响较少。本部分的研究表明，环境规制政策还须在如何激励重污染行业企业创新驱动方面设计可行的引导方案，以有利于其转型升级。

3.3 固定资产投资与研发强度变化趋势分析

3.3.1 工业行业固定资产投资与研发强度整体变化趋势分析

本章重点对工业行业的固定资产投资与研发强度整体变化趋势进

行分析。其中，固定资产投资强度为行业固定资产年度投资总额除以期初总资产，研发强度为行业年度研发投入总额除以本期营业收入。

图3-3为全部工业固定资产投资与研发投入强度变化趋势图。从图中可知，全部工业行业的固定资产投资强度在2013年达到顶峰，随后逐年小幅度下降。而工业行业的研发强度则从2011年来开始呈现逐年上升的趋势，表现出我国经济增长质量开始出现转型，即以固定资产投资驱动逐步转向研发创新驱动的发展道路。

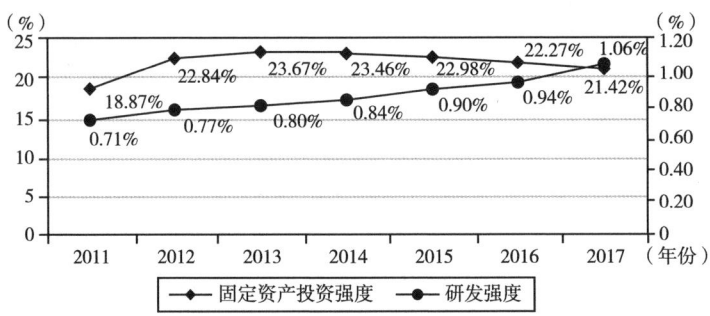

图3-3 全部工业固定资产投资与研发投资强度变化趋势
资料来源：根据中经网统计数据库数据整理而来。

图3-4和图3-5分别为非重污染行业固定资产与研发投入强度变化趋势图和重污染行业固定资产与研发投资强度变化趋势图。对于非重污染行业而言，其固定资产投资强度虽然从2015年开始出现了下滑，但整体上呈现出较为平稳的投资强度趋势。研发投入亦出现较为平稳的逐年上升趋势；而对于重污染行业而言，其固定资产投资强度从2015年开始出现了非常明显的下降趋势，研发投入的逐步上升趋势非常明显。根据重污染行业与非重污染行业在固定资产和研发投入强度的比较，我们发现，我国的工业经济结构发生了较为明显的变化，重污染行业的固定资产投资受到较明显的压制，而研发投入强度则受到了明显推进，符合我国经济发展模式转型的政策预期，亦表明我国的环境规制政策效果明显，即抑制重污染行业的固定资产新增产能，发展创新驱动的发展战略。

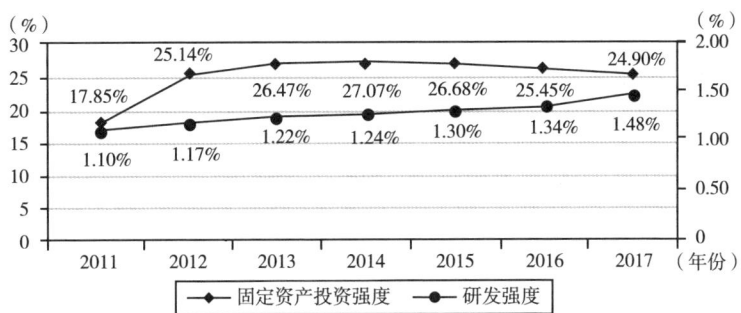

图 3-4 非重污染行业固定资产与研发投资强度变化趋势

资料来源：根据中经网统计数据库数据整理而来。

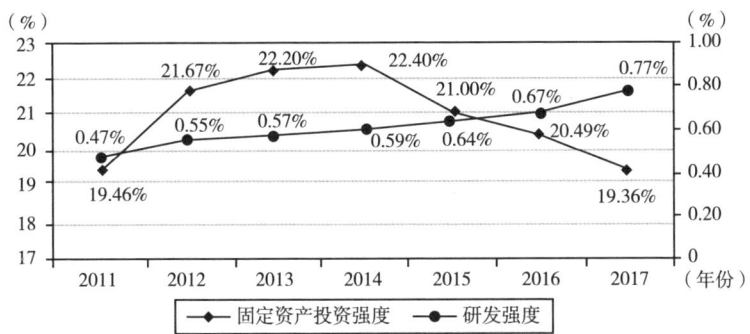

图 3-5 重污染行业固定资产与研发投资强度变化趋势

资料来源：根据中经网统计数据库数据整理而来。

3.3.2 重污染行业固定资产投资与研发强度变化趋势分析

本章重点对重污染行业分大类的固定资产投资与研发强度变化趋势进行分析。图 3-6～图 3-10 分别为各采掘业的年度固定资产投资和研发强度变化趋势图。从图可知，煤炭开采和洗选业、黑色金属矿采选业、有色金属矿采选业、非金属矿采选业等行业的固定资产投资强度呈现明显的逐年下降趋势，而研发强度整体上处于逐年上升趋势。

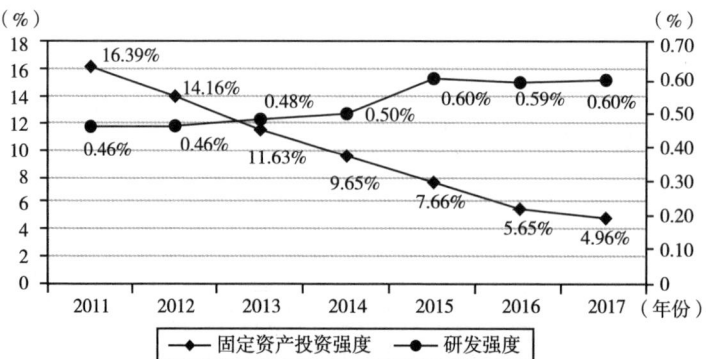

图3-6 煤炭开采和洗选业固定资产投资与研发强度变化趋势

资料来源:根据中经网统计数据库数据整理而来。

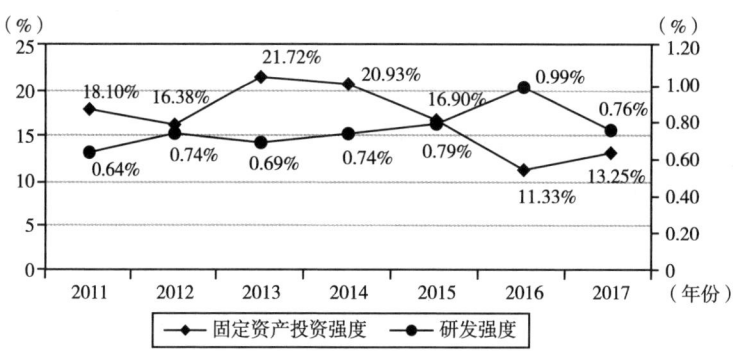

图3-7 石油和天然气开采业固定资产投资与研发强度变化趋势

资料来源:根据中经网统计数据库数据整理而来。

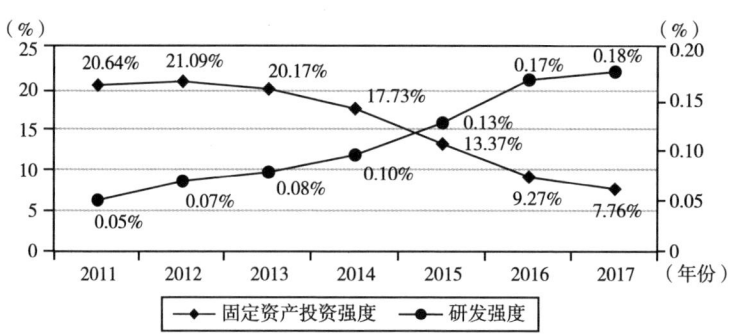

图3-8 黑色金属矿采选业固定资产投资与研发强度变化趋势

资料来源:根据中经网统计数据库数据整理而来。

第3章 环境规制与企业投资行为——基于工业行业数据的分析

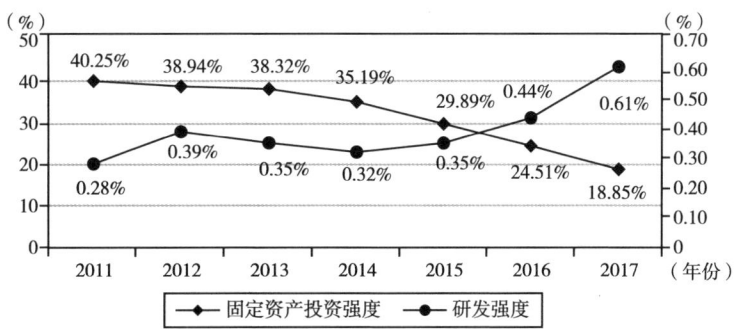

图 3-9 有色金属矿采选业固定资产投资与研发强度变化趋势
资料来源：根据中经网统计数据库数据整理而来。

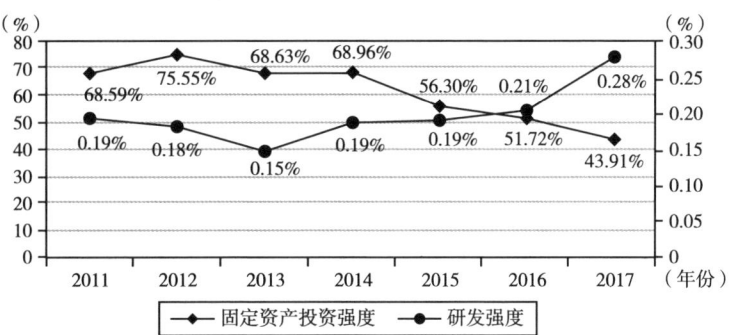

图 3-10 非金属矿采选业固定资产投资与研发强度变化趋势
资料来源：根据中经网统计数据库数据整理而来。

图 3-11～图 3-25 分别为制造业各行业的年度固定资产投资和研发强度变化趋势图。从图可知，石油、煤炭及其他燃料加工业，化学原料和化学制品制造业，非金属矿物制品业，黑色金属冶炼和压延加工业，有色金属冶炼和压延加工业等行业固定资产投资强度呈现明显的逐年下降趋势，而研发强度整体上处于逐年上升趋势。上述行业的整体特点为属于基础化工和基础金属或非金属材料，表明以能源资源消耗为特征的粗放型发展模式已受到抑制，创新驱动战略得以实施，反映了严格的环境规制对上述行业固定资产投资的冲击，以及引导研发创新的影响效果。

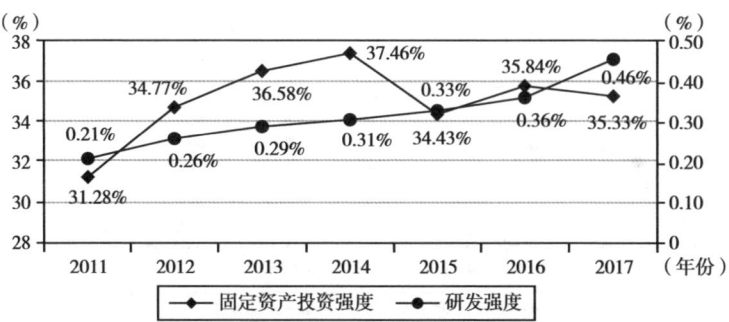

图 3–11 农副食品加工业固定资产投资与研发强度变化趋势

资料来源：根据中经网统计数据库数据整理而来。

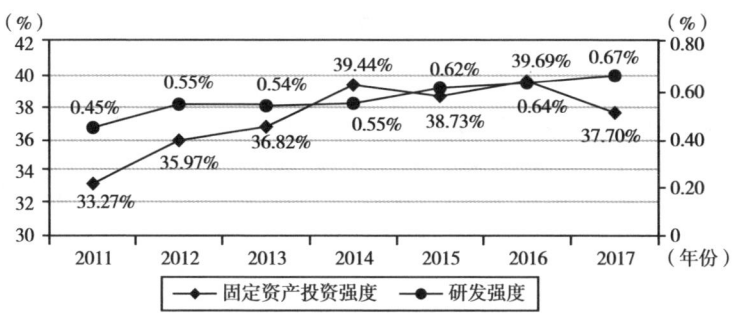

图 3–12 食品制造业固定资产投资与研发强度变化趋势

资料来源：根据中经网统计数据库数据整理而来。

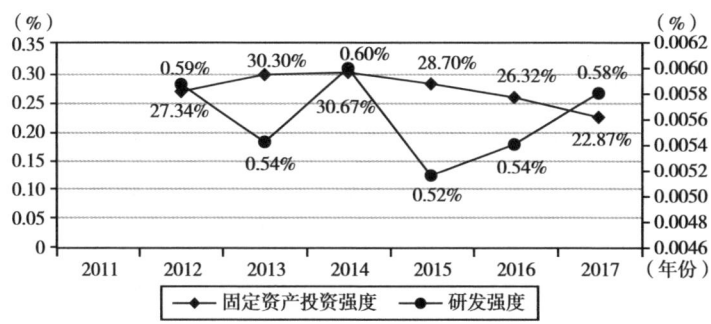

图 3–13 酒、饮料和精制茶制造业固定资产投资与研发强度变化趋势

资料来源：根据中经网统计数据库数据整理而来。

第3章　环境规制与企业投资行为——基于工业行业数据的分析

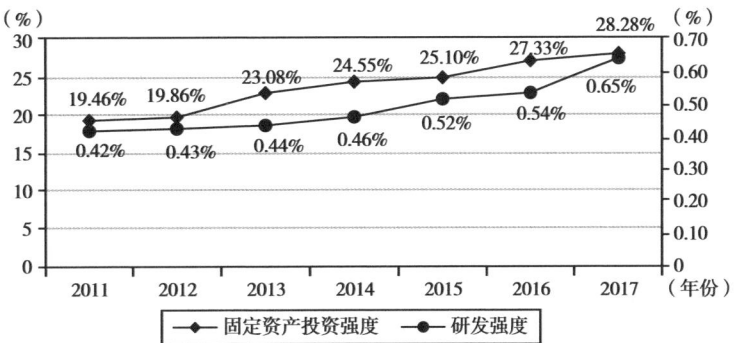

图3-14　纺织业固定资产投资与研发强度变化趋势

资料来源：根据中经网统计数据库数据整理而来。

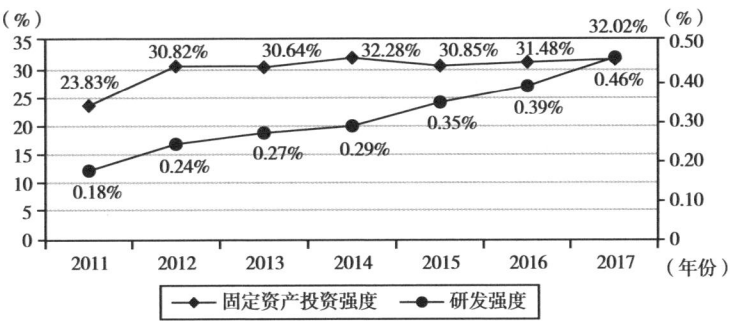

图3-15　皮革、毛皮、羽毛及其制品和制鞋业固定资产投资与研发强度变化趋势

资料来源：根据中经网统计数据库数据整理而来。

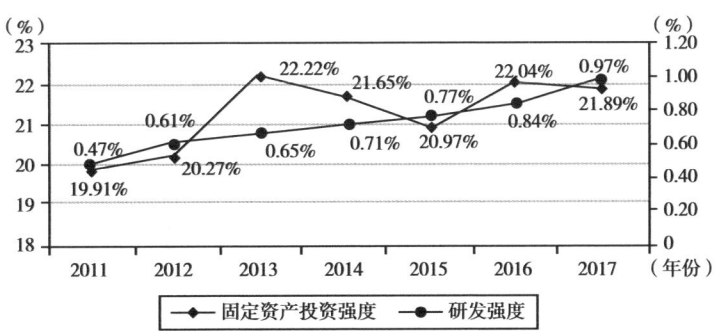

图3-16　造纸和纸制品业固定资产投资与研发强度变化趋势

资料来源：根据中经网统计数据库数据整理而来。

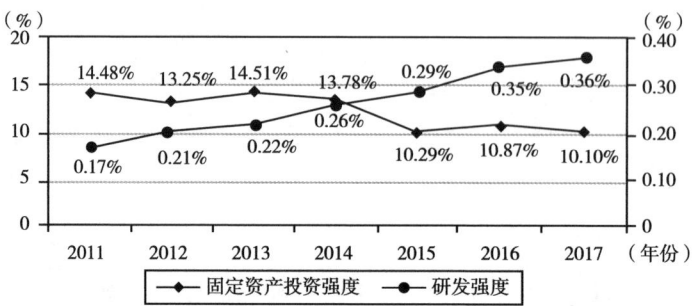

图 3-17　石油、煤炭及其他燃料加工业固定资产投资与研发强度变化趋势
资料来源：根据中经网统计数据库数据整理而来。

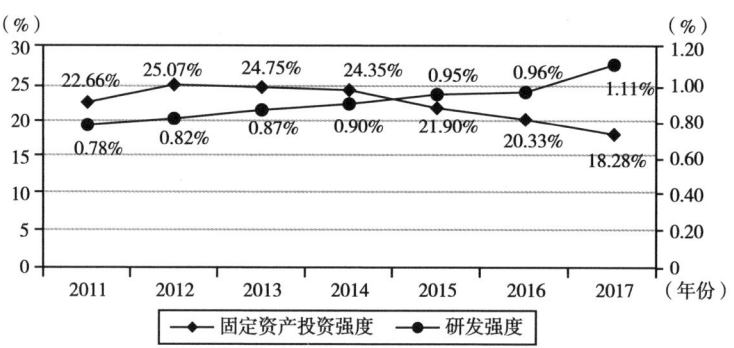

图 3-18　化学原料和化学制品制造业固定资产投资与研发强度变化趋势
资料来源：根据中经网统计数据库数据整理而来。

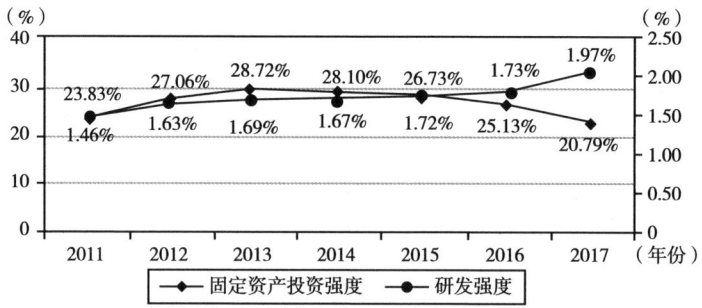

图 3-19　医药制造业固定资产投资与研发强度变化趋势
资料来源：根据中经网统计数据库数据整理而来。

第3章 环境规制与企业投资行为——基于工业行业数据的分析

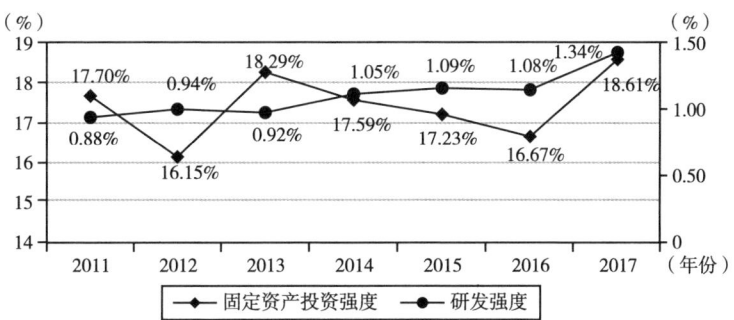

图3-20 化学纤维制造业固定资产投资与研发强度变化趋势
资料来源：根据中经网统计数据库数据整理而来。

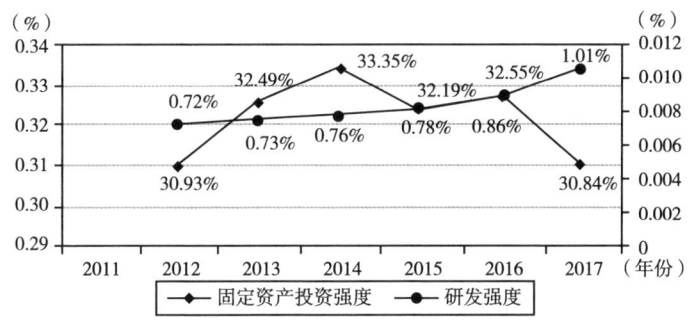

图3-21 橡胶和塑料制品业固定资产投资与研发强度变化趋势
资料来源：根据中经网统计数据库数据整理而来。

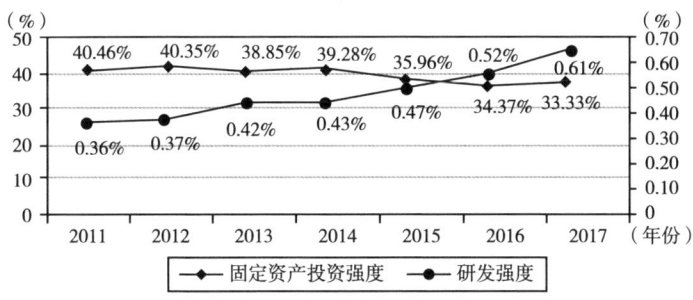

图3-22 非金属矿物制品业固定资产投资与研发强度变化趋势
资料来源：根据中经网统计数据库数据整理而来。

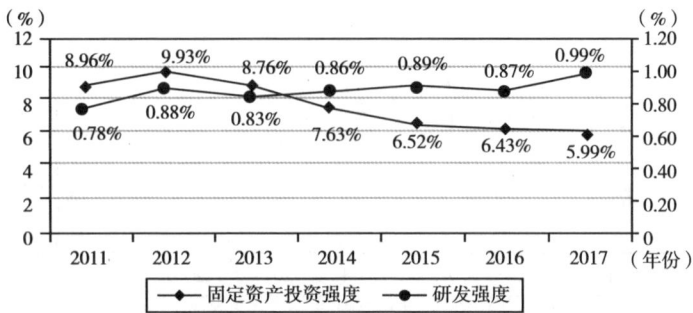

图3-23 黑色金属冶炼和压延加工业固定资产投资与研发强度变化趋势
资料来源：根据中经网统计数据库数据整理而来。

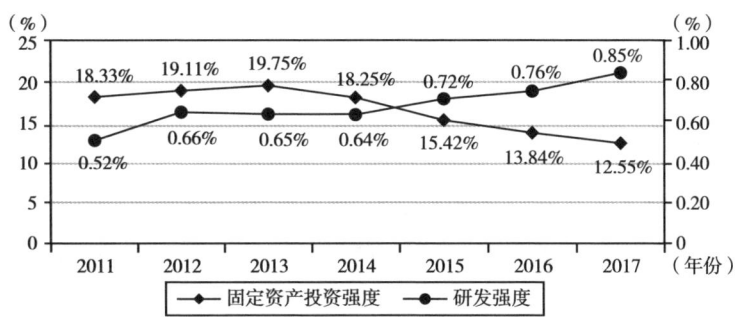

图3-24 有色金属冶炼和压延加工业固定资产投资与研发强度变化趋势
资料来源：根据中经网统计数据库数据整理而来。

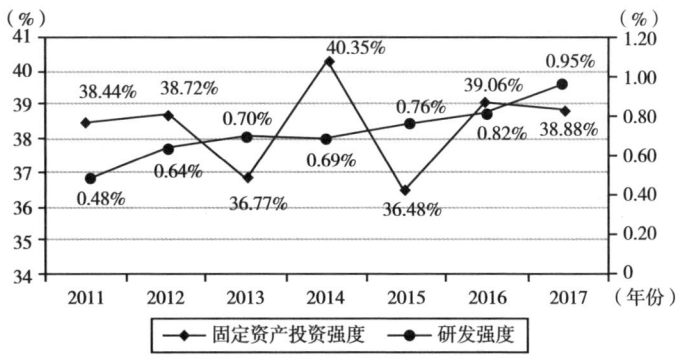

图3-25 金属制品业固定资产投资与研发强度变化趋势
资料来源：根据中经网统计数据库数据整理而来。

此外，与人们日常生活紧密联系的食品制造业，纺织业，皮革、毛皮、羽毛及其制品和制鞋业等行业，其固定资产投资强度与研发强

第3章 环境规制与企业投资行为——基于工业行业数据的分析

度均在整体上呈现上升趋势。一方面表明我国市场需求特别是内需的发展，对相关行业固定资产投资的推动；另一方面亦表明国家创新驱动战略的影响。在此可初步推算出，环境规制对上述行业的固定资产投资影响有限。

图3-26为电力、热力生产和供应业的年度固定资产投资和研发强度变化趋势图。从图可知，除2017年外，电力、热力生产和供应业的固定资产投资强度呈现出较为平稳的状态，而研发强度则处于逐年上升趋势。考虑到电力、热力生产和供应业为其他所有行业提供电力能源支撑，上述投资趋势能反映我国经济整体的发展变化情况，即固定资产投资驱动发展模式已稳定并得到一定程度的抑制，而创新驱动战略则呈现逐步推进的阶段。此外，图3-26亦在一定程度上反映出环境规制对电力、热力生产和供应业固定资产投资的影响有限，而对研发投入的促进有一定作用。

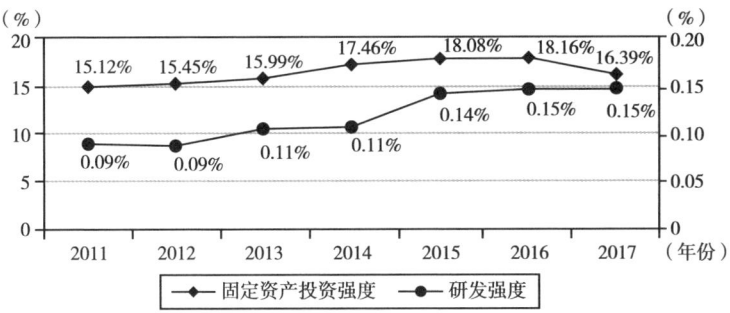

图3-26 电力、热力生产和供应业固定资产投资与研发强度变化趋势
资料来源：根据中经网统计数据库数据整理而来。

根据前述分析，总体而言，在国家经济发展转型战略的背景下，我们初步认为环境规制对初级能源、原材料和基础化工等重污染行业的固定资产投资强度有较强的抑制性，而对与人们日常生活紧密联系的产品所在处重污染行业影响有限。但环境规制几乎对所有重污染行业的研发强度均起到推进作用。

环境规制、企业
外部关系构建与
投资行为研究

Chapter 4

第4章 环境规制与企业外部关系
——基于上市公司数据的分析

第 4 章　环境规制与企业外部关系——基于上市公司数据的分析

由于从行业层面无法获取企业外部关系数据，故本章的研究通过上市公司微观数据进行汇总考察。根据研究的需要，本章的样本分为两类，即重污染行业与非重污染行业上市公司样本，重污染行业重点排污单位与非重污染行业非重点排污单位。值得注意的是，本章的研究主要考察上述两类样本的整本趋势，故包括所有符合基本条件的样本，并未删除实证研究中经常删除的异常样本，包括当年上市的样本、行业代码发生变化的样本、数据缺失的样本、是否受到 ST 处理的样本等，故本章研究的样本与后续样本存在着差异。

4.1　环境规制与企业政府关系

4.1.1　企业政府关系的界定

在已有文献中，关于企业政府关系的界定存在着不同的方法。例如，巫景飞等（2008）对企业家的政府工作背景进行分类和测量方法，采用对公开发布的高管信息进行编码，如某高管符合该条目则编码确认为 1，否则为 0，然后逐项相加，编码分值越高越说明企业的政府关系越大。Fan 等（2007）、田利辉和张伟（2013）、余明桂和潘红波（2008）亦进行类似的处理，将董事长、总经理（CEO）是否在党政机关或部队担任过领导职务，作为企业政府关系的代理变量。上述文献通常采用哑变量，或计分连续变量的方式进行计量。考虑到较之其他高管，董事长和总经理拥有或影响着企业的主要决策权限和管理权限，故本章亦借鉴已有文献的处理，以公司董事长和总经理的党政机关工作背景，或人大、政协背景，设定为企业政府关系哑变量或连续变量。其中哑变量的设置，以是否具有上述工作背景为 1，否则为 0；连续变量的设置，以职务级别为计分依据进行处理。

4.1.2 重污染行业相关公司政府关系分析

本章根据国泰安数据库中的上市公司人物特征数据库，以公司董事长和总经理是否具有党政工作背景或人大、政协背景（简称政府工作背景，下同）为例，作为企业政府关系哑变量。由于国泰安上市公司人物特征数据库的数据时间起点为2008年，故本章以2008～2017年数据进行分析，分析的行业仅限于工业行业。

图4-1为重污染行业与非重污染行业上市公司董事长总经理的政府工作背景比较图，图4-2为重污染行业重点排污单位与非重污染行业非重点排污单位上市公司董事长总经理的政府工作背景比较图。

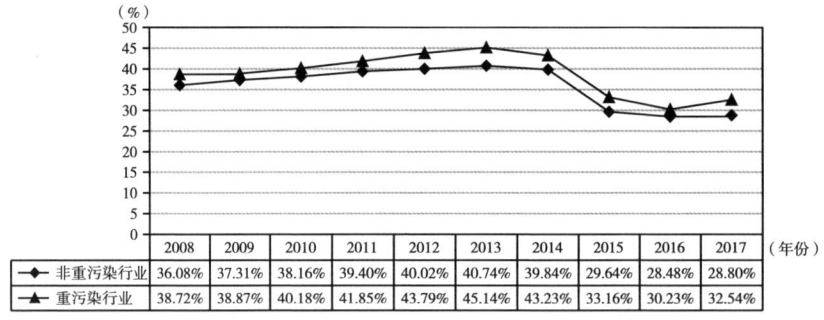

图4-1 董事长总经理政府工作背景（重污染行业 VS 非重污染行业）
资料来源：根据国泰安数据库分析整理而来。

从图4-1可知，重污染行业上市公司在政府关系的比例上平均为38%，即平均每100家重污染行业上市公司中有38家具有政府关系，略高于工业行业中的非重污染行业上市公司的35%。但是从重污染行业重点排污单位与非重污染行业非重点排污单位的比较分析，我们则发现重污染行业重点排污单位上市公司在政府关系的比例上平均为39%，远高于工业行业中的非重污染行业非重点排污单位上市公司的33%。考虑到按行业大类划分的重污染行业与非重污染行业存在着噪音的问题，按重污染行业重点排污单位与非重污染行业非重点排污单位进行划分更具有精准性。因此从图4-2更能反映出环境

第4章　环境规制与企业外部关系——基于上市公司数据的分析

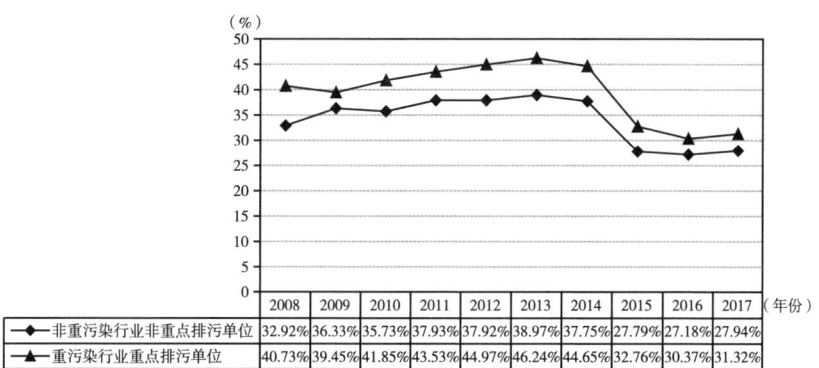

图4-2　董事长总经理政府工作背景（重污染行业重点排污单位 VS 非重污染行业非重点排污单位）

资料来源：根据国泰安数据库分析整理而来。

规制对企业政府关系构建的影响，即在严格环境规制背景下，重污染行业企业的政府关系更具有价值，更有利于其获得政府在环境政策与监管方面的支持，从而有利于企业的经营发展。由此我们认为，环境规制整体上推进了重污染行业相关公司的政府关系构建。

值得注意的是，图4-1和图4-2中的企业政府关系占比均在2013年达到顶峰，而在2014年和2015年出现了下滑。究其原因，是受到企业去行政化的影响。2013年党的十八届三中全会指出，要完善国有资产管理体制和推动国有企业完善现代企业制度，与之对应的是2013年10月中组部发布的《关于进一步规范党政领导干部在企业兼职（任职）问题的意见》文件，规范了具有政府工作背景的人员在企业任职的限制要求。

4.2　环境规制与企业银行关系

4.2.1　企业银行关系的界定

已有的文献分别从企业与银行关系的持续时间（Elsas and Krahnen, 1998; Bharath et al., 2007)、与企业发生关系的银行数量（Ongena and Smith, 2001; Fiordelisi et al., 2013)、长期借款占总资产的比例（Houston and Janmes, 1996; 黄纯纯, 2003; 罗党论和唐清泉, 2007)、贷款合同特征（Degryse and Cayseele, 2000）和企业高管是否有银行工作经历（罗正英等, 2011）等方面度量银行关系。另外, 授信额度是银行对特定企业在一定时期内贷款的最高限额, 为银企中长期融资共生关系的综合性指标（何自力, 2007), 企业是否得到银行授信是银企之间关系强弱的体现（何韧和王维诚, 2009）。本章根据数据截取的方便, 以国泰安数据库中的上市公司人物特征数据库为基础, 以企业相关人员是否有银行或银行监管机构工作经历作为企业银行关系哑变量。考虑到在工业行业中具有银行或银行监管机构工作经历的董事长和总经理人数偏少, 本章还将企业的董事会成员和高管作为分析对象, 如其具有银行或银行监管机构工作经历, 则认定为具有企业银行关系。

4.2.2 重污染行业相关公司银行关系分析

本章数据根据国泰安数据库中的上市公司人物特征数据库整理而来。由于国泰安上市公司人物特征数据库的数据时间起点为2008年, 故本章以2008~2017年数据进行分析, 分析的行业仅限于工业行业。

图4-3为重污染行业与非重污染行业上市公司董事长总经理的银行工作背景比较图。从图中可知, 在2012年以前, 重污染行业的董事长总经理银行工作背景占比显著高于非重污染行业。图4-4为重污染行业重点排污单位与非重污染行业非重点排污单位上市公司董事长总经理的银行工作背景比较图, 其中重污染行业重点排污单位的董事长总经理银行工作背景在2014年前显著高于非重污染行业非重点排污单位。对于2012~2014年之后出现的下降原因, 可能与《关

于进一步规范党政领导干部在企业兼职（任职）问题的意见》文件有关。

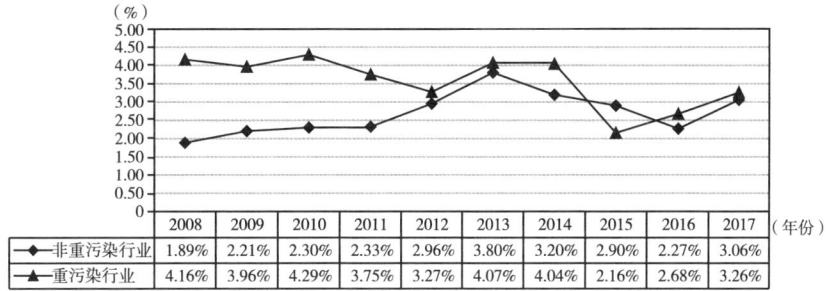

图 4-3　董事长总经理银行工作背景（重污染行业 VS 非重污染行业）

资料来源：根据国泰安数据库分析整理而来。

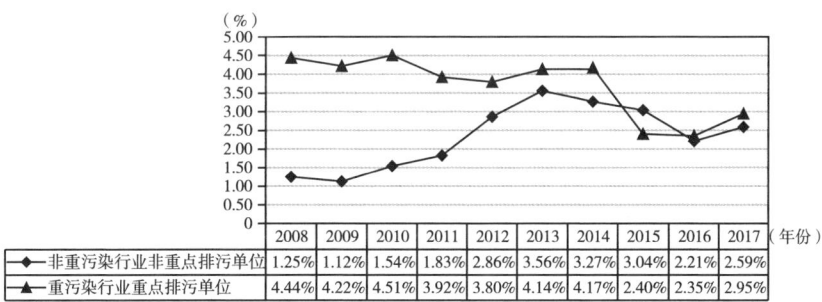

图 4-4　董事长总经理银行工作背景（重污染行业重点排污单位 VS 非重污染行业非重点排污单位）

资料来源：根据国泰安数据库分析整理而来。

图 4-5 为包括董事和高管的重污染行业与非重污染行业银行工作背景比例比较图。图 4-6 为董事高管的重污染行业重点排污单位与非重污染行业非重点排污单位银行工作背景比例比较图。从图可知，董事高管的银行工作背景比例平均为 35%，远高于董事长总经理银行工作背景比例。这表明银行关系对企业的重要性，特别是在融资方面。但是，我们没有发现重污染行业与非重污染行业，在董事高管银行工作背景比例方面的差异；同样亦未发现重污染行业重点排污单位与非重污染行业非重点排污单位，在董事高管银行工作背景比例

方面的差异。这在一定程度上表明,无论是重污染还是非重污染的企业,银行关系均有一定价值。

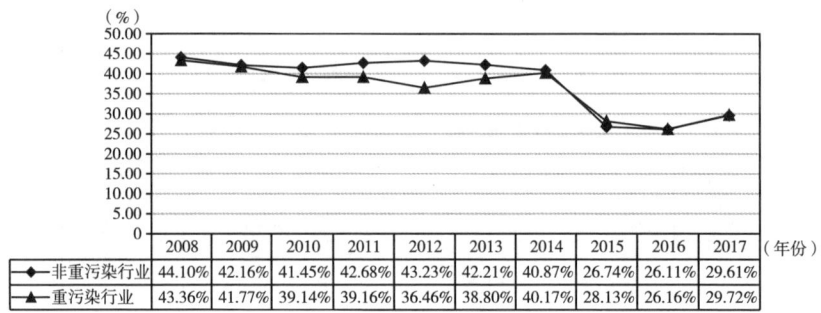

图 4-5　董事高管银行工作背景（重污染行业 VS 非重污染行业）

资料来源：根据国泰安数据库分析整理而来。

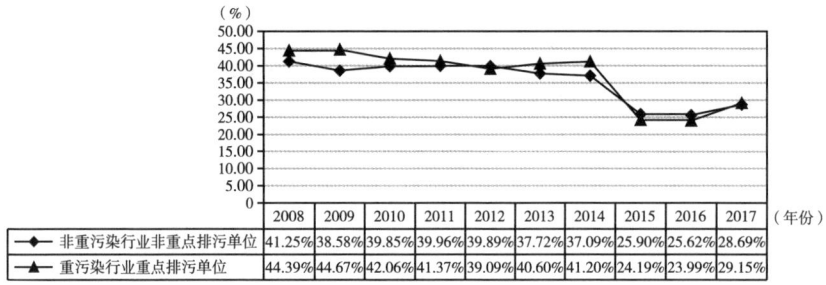

图 4-6　董事高管银行工作背景（重污染行业重点排污
单位 VS 非重污染行业非重点排污单位）

资料来源：根据国泰安数据库分析整理而来。

4.3　环境规制与企业公众关系

4.3.1　企业公众关系的界定

根据全球专业中文经管百科的定义,企业公众关系指是指企业在生产和商业行为中所需要面对和处理的公共关系。公共关系是现代管理理论的组成部分,它利用传播技能和研究方法作为主要工具,帮助一个组织建立并保持其公众之间的相互交流、理解、认可与合作;它参与处理各种问题和事件;帮助管理部门了解民意并对之做出反应;明确和强调企业为公共利益服务的责任;它作为社会驱动的监督者,帮助企业保持与社会变动同步,旨在实现公司的合法性地位。

Lindblom(1994)指出,企业在合法化过程中可能采用的四种战略:(1)设法教育和告知相关公众有关公司表现和行为的改变;(2)设法改变相关公众的认识,但并不改变公司的实际行为;(3)故意将公众的视线从其关注的问题引向其他方面;(4)试图改变外部公众对其表现的期望。从已有的文献看,重污染行业企业为了缓解社会压力,主要通过承担社会责任活动(Jenkins, 2004; Jenkins and Yakovleva, 2006; Mutti et al., 2012)、披露社会责任与环境信息(Patten, 2002; Cho and Patten, 2007; 肖华和张国清, 2008; Clarkson et al., 2011)来影响公众的认知,从而构建良好的社会关系。考虑到变量的可度量性,本章以企业捐赠支出度量企业承担的社会责任活动以及由此构建的企业公众关系。其中,捐赠支出数据来源于国泰安数据库中报表附注,并以当期的营业收入作为平减因素。

4.3.2 重污染行业相关公司公众关系分析

图4-7为重污染行业与非重污染行业上市公司在对外捐赠强度上的差异,其中对外捐赠强度为公司当年对外捐赠除以营业收入。从图中可发现,2008年企业的对外捐赠强度均远高于其他年度,究其原因在于2008年5月发生在四川的汶川大地震,促使上市公司进行了大规模的捐款。因而2008年上市公司对外捐赠强度数据不具有可比性。此外,还可从图中可知,重污染行业上市公司的对外捐赠强度平均值远高于非重污染行业上市公司,如重污染行业上市公司对外捐

赠强度平均为 0.047%，非重污染行业上市公司对外捐赠强度平均为 0.033%。

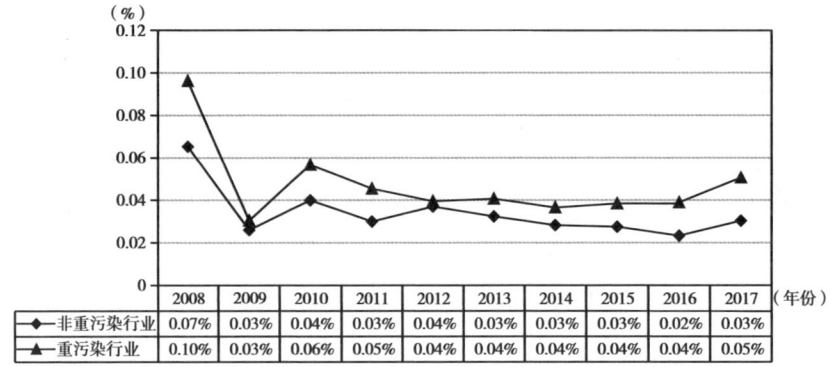

图 4-7 上市公司对外捐赠强度（重污染行业 VS 非重污染行业）
资料来源：根据国泰安数据库分析整理而来。

图 4-8 为重污染行业重点排污单位与非重污染行业非重点排污单元上市公司在对外捐赠强度上的差异。从图中可知，重污染行业重点排污单位上市公司的对外捐赠强度平均为 0.046%，非重污染行业非重点排污单位上市公司的对外捐赠强度平均为 0.036%。上述结果亦表明，重污染行业重点排污单位的对外捐赠强度亦远高于非重污染

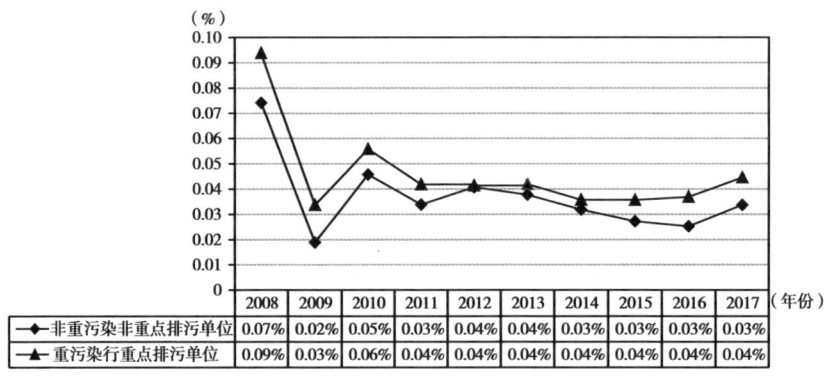

**图 4-8 上市公司对外捐赠强度（重污染行业重点排污单位 VS
非重污染行业非重点排污单位）**
资料来源：根据国泰安数据库分析整理而来。

行业非重点排污单位。

上述以对外捐赠强度作为企业公众关系代理变量的分析表明，重污染行业相关公司更加注重公众关系，说明重污染行业企业的生产经营方方面面已受到外部利益相关者方面较显著的影响，其投资行为必须考虑到社会公众的利益。

环境规制、企业
外部关系构建与
投资行为研究

Chapter 5

第5章　环境规制、企业政府关系与投资行为

第5章 环境规制、企业政府关系与投资行为

5.1 环境规制、企业政府关系与固定资产投资

已有文献关于企业政府关系对企业投资的影响,主要从资源获取优势、产权保护和政治目标等作用机理进行分析,如陈运森和朱松(2009)从政府关系降低了企业的融资约束视角,发现政府关系减少了企业的投资不足,从而提高投资效率。张功富(2011)和 Zhou(2013)从政府关系的法律保护视角也得出类似结论。Fan 等(2007)、梁莱歆和冯延超(2010)、Chen 等(2011)、张祥建等(2015)则从企业承担政府的政治目标和社会责任,如 GDP 增长和增加就业视角,发现政府关系使企业形成投资过度,降低了投资效率。本章的研究,则首次从政府环境规制的视角,考察政府关系对工业企业特别是重污染行业企业投资效率的影响,拓宽了政府关系对投资影响的理论分析框架。考虑到上市公司无形资产支出占比金额非常小,本章有关企业投资的部分实质为固定资产投资,以下如未特别说明,本章的投资均指固定资产投资。

5.1.1 理论分析与研究假设

5.1.1.1 环境规制对企业投资的影响

(1)环境规制与企业投资过度。

尽管波特假说认为适当的环境规制能激励企业的研发,从而能全部或部分地弥补企业环境治理的成本,但现有的经验研究对此并未能得出一致的结论(Molina – Azorin et al.,2009)。相反,企业为应对环境治理的要求,须加大与节能减排有关的技术研发和机器设备投资,增加了企业的生产成本(Palmer et al.,1995;Sueyoshi and Goto,2009),从而提高了单个企业的规模经济水平。例如,Pashigan

(1984)发现随着环境规制的加强,制造业企业的最小有效规模得以提高,即企业通过加大生产与环境治理资产的投资,来实现环境治理的规模效应,从而降低单位产出的环境治理成本。Pashigan(1984)进一步发现,由于环境规制的最小有效规模效应的存在,大型企业在环境规制中通常处于有利的竞争地位。Leiter等(2011)以欧洲国家的数据研究表明,严格的环境规制推动了受规制企业的固定资产投资。另外,我国的环境规制以"命令—控制"型工具为主,不仅在能源消耗和废弃物排放方面设定了标准,还在生产流程、机器设备和产能等多个方面进行了规范。如以节能减排为目标的淘汰落后产能政策,在落后产能的划分标准上有着非常明显的固定资产规模导向,旨在实现重污染行业固定资产规模的"上大压小"。因此,我国受严格环境规制影响的企业,为应对因污染治理带来的最小有效规模的提高,以及环境规制政策在设备产能的政策性导向,有可能加大固定资产的投资规模,而表现出与正常投资规模相偏离的投资过度。

(2)环境规制与企业投资不足。

环境规制不仅可能诱发企业的投资过度,也可能引起企业的投资不足。已有的研究表明,由于环境规制带来的政策经济后果具有不确定性,当企业面对此类不确定性时,其投资机会的期权价值得以提高,可导致企业减少或推迟投资(Lopez et al.,2016)。另外,我国重污染行业企业的投资立项需要经过环保、规划等政府部门的审批,受到主要污染物总量控制的限制。随着我国环境规制政策的日趋严格,各地区可供新增投资的环境容量极为有限,将约束企业的投资,并有可能导致部分企业的投资不足。此外,我国实施的绿色信贷、绿色证券等环境规制政策,限制了重污染行业企业特别是环境治理水平低的企业外部融资,而当企业存在融资约束时则通常会表现出投资不足(喻坤,2014)。

根据前述环境规制对企业投资过度与投资不足的分析,本章认为环境规制同时推动了不同企业的投资过度或投资不足,表现出不同的影响方向。事实上,孙学敏和王杰(2014)的研究发现,环境规制同时推动了劣势企业的退出与未退出的部分企业的快速发展。Stimming(1999)亦发现,在相同环境规制政策下,环境治理水平低的企业的长期投资显著下降,而治理水平高的企业则不受影响。由此本章提出研究假设5-1:

假设5-1:受环境规制越严格的企业,其投资效率越低,即其投资过度或投资不足的可能性越高。

5.1.1.2 环境规制与政府关系对企业投资的影响

(1)环境规制、政府关系与企业投资过度。

具有政府关系的企业,与政府有着密切的关系,同时为了维护密切关系,企业往往需要帮助政府承担一些政府的职责和目标,更有可能迎合政府的干预政策(Fan et al.,2007)。例如,刘慧龙等(2010)发现政府关系增加了国有控股公司的员工冗余,帮助政府实现就业目标;田利辉和张伟(2013)的研究表明政府关系与国有公司社会性负担正相关。

我国的环境规制政策服务于经济社会发展的整体目标,成为转变经济发展方式的重要手段。从"十一五"期间开始,主要污染物排放总量削减指标首次成为约束性指标,各省(区、市)人民政府必须严格执行,地方政府主要负责人成为环境治理目标的第一责任人,环境治理和经济转型的政府政治目标重要性水平更加突出。在此背景下,政府特别是地方政府要求重污染行业企业追求GDP和就业增长的需求将下降,而对污染治理水平要求上升。因此,受环境规制严格的企业,其政府关系为迎合政府环境治理与经济转型的政治目标,将约束其在重污染行业的投资过度行为,避免过多投资项目的环境污染带来的政治与社会压力。

(2)环境规制、政府关系与企业投资不足。

我国的环境规制强度越来越大,且重点使用了命令—控制型环境规制工具，有着非常强的政府干预特征（张坤民，2010）。另外，环境污染突发事件引起的"运动式"治理（环保风暴）时有发生。因此，受环境规制越严格的企业，其面临的环境政策变化与政府高强度干预的风险越大。Abel 和 Eberly（1994）的研究则表明，当企业面对外部不确定性环境和风险时，其投资机会的期权价值提高，从而导致企业减少投资。

政府关系则是转型经济国家的企业用来克服政策环境不确定性和风险控制的重要机制（Allen et al.，2005）。在环境规制背景下，政府关系有利于企业及早和准确地把握政府的管制信息与精神，并能预先作出规避风险的行为。另外，企业政府关系有助于降低政府对企业的监管力度（Stigler，1971；Correia，2014），保护被规制企业的利益（Kroszner and Stratmann，1998）。进一步，在政府干预强的国家和地区，政府关系有利于保护企业的财产和利益，作为法制不完善背景下的非正式产权保护机制（Allen，2005；罗党论和唐清泉，2009）。因此，在同等条件下，对于拥有政府关系的企业而言，面临政府高强度环境监管的风险与不确定性亦会有所缓解，从而有助于缓解企业因外部不确定性环境与风险导致的投资不足。

政府关系的资源获取优势作用机理有助于受规制企业减少投资不足。已有研究表明，由于政府关系拉近了企业与政府之间的关系，因此政府关系有利于企业从政府获得的更多资源与帮助（Khwaja and Mian，2005；Faccio，2006；Faccio et al.，2006；Tahoun，2014）。而对于受环境规制的企业而言，其资本投资离不开政府在如下方面的支持：①投资立项审批。我国的环境规制政策以削减污染物排放总量为主线，进行主要污染物的总量控制。当企业拟进行新的投资时，新增投资项目的主要污染物排放量被纳入当地污染排放总量考核指标内，因此新增污染物排放量指标成为政府控制的稀缺资源。拥有政府关系的重污染行业企业，由于与政府的密切关系，在投资立项时将更容易得到政府的审批通过。②外部融资。自"十一五"以来，我国以环境规制为目的的配套政策，如绿色信贷和绿色证券，限制了金融机构和资本市场向重污染行业企业提供融资。但政府关系则通过政府干预、降低资本提供者与企业之间的信息不对称性，从而减少企业的融资约束，便于融资（Khwaja and Mian，2005），有着更高的资产负债率（Faccio，2006）。因此，政府关系将有助于受环境规制的企业获得外部融资，从而避免因融资约束而产生投资不足的现象。

综上所述，政府关系的政治目标作用机理有助于抑制了企业的投资过度；环境规制风险控制和资源获取优势作用机理降低了企业的投资不足。上述作用机理均对受环境规制的企业的非效率投资（投资过度和投资不足）形成制约，从而提高了企业的投资效率，故提出本章的研究假设5-2：

假设5-2：受环境规制越严格的企业，政府关系越有助于提高其投资效率，即政府关系有助于抑制其投资过度或减少投资不足。

5.1.2 研究设计

5.1.2.1 主要变量设置

（1）投资效率的计算。

本节首先借鉴 Richardson（2006）投资模型，用模型（5-1）估算企业正常投资水平。

$$\text{Inv}_{i,t} = \alpha_0 + \alpha_1 \text{Growth}_{i,t-1} + \alpha_2 \text{Lev}_{i,t-1} + \alpha_3 \text{Cash}_{i,t-1} + \alpha_4 \text{Age}_{i,t-1} \\ + \alpha_5 \text{Size}_{i,t-1} + \alpha_6 \text{Ret}_{i,t-1} + \alpha_7 \text{Inv}_{i,t-1} + \sum \text{Ind} \\ + \sum \text{Year} + \varepsilon_{i,t} \tag{5-1}$$

其中，$\text{Inv}_{i,t}$ 为公司 i 第 t 年的新增资本投资，等于现金流量表中的"购建固定资产无形资产和其他长期资产支付的现金"，加上"取得子公司及其他营业单位支付的现金净额"，减去"处置固定资产无形资产和其他长期资产收回的现金净额"，再减去"固定资产折旧与无形资产摊销",最后除以本期和上期资产总计的均值。考虑到上市公司无形资产支出金额占比非常小,此部分实质为固定资产投资;Growth 为公司的投资机会,用 Tobin Q 值表示,其中非流通股价值按对应净资产处理;Lev 为资产负债率;Cash 现金及现金等价物占总资产的比例;Age 为公司上市年限;Size 为公司总资产的自然对数;Ret 为年度股票回报率;Ind 为行业哑变量,以国家统计局 2011 年行业分类的三位数代码为划分标准,2011 年以前的行业分类按 2011 年行业分类标准进行调整;Year 为年度哑变量。

对模型(5-1)进行回归后,并计算每个公司每年残值的绝对值,其残值即公司 i 第 t 年的投资过度(残值大于 0)或投资不足(残值小于 0)程度。用 Abseinv 表示公司残值的绝对值,其值越高表示公司的非效率投资程度越严重;Overinv 为模型(5-1)中残值大于 0 的残值取值,表示公司投资过度的程度,其值越高表示投资过度越严重;Underinv 为模型(5-1)中残值小于 0 的残值绝对值,其值越高表示投资不足越严重。

(2)政府关系的变量设置。

本节借鉴 Fan 等(2007)、田利辉和张伟(2013)、余明桂和潘红波(2008)的做法,将董事长、总经理(CEO)的政治背景,如是否在党政机关或部队担任过领导职务作为企业政府关系的代理变量。政府关系的具体分值计算如下:副科级 1 分;正科级 2 分;副处级 3 分;正处级 4 分;副厅局级 5 分;正厅局级 6 分;副省部级 7 分;正省部级 8 分;副国家级及以上为 9 分。本节分年度分别计算董事长和总经理的分值并相加(如董事长和总经理为同一人则只计算一人),作为各个年度公司政府关系的强度,该变量值越高表明企业的政府关系强度越大。董事长、总经理(CEO)的背景材料信息来自同花顺数据库,并结合网络检索手工整理而来。

(3)环境规制强度的变量设置。

环境规制强度变量的设置一直是研究文献中的难点。目前主要采用的方法包括：第一，单位产出的污染治理和控制支出（pollution abatement and control expenditure，PACE）（许松涛和肖序，2011；Levinson，1996）；第二，单位产出的污染排放量及相关指标（Constantini and Crespi，2008；傅京燕和李丽莎，2010）；第三，单位产出的能源消耗量（Cole and Elliot，2003）；第四，以所处行业或地区或国家的环境规制政策是否加强作为环境规制强度变量（McConnell and Schwab，1990；Henderson，1996）。对于使用污染物排放量或能源消耗量指标作为环境规制强度变量，存在着不同的观点：一种认为污染物排放量或能源消耗量越大，其面临的环境规制强度将越大；另一种观点认为污染物排放量或能源消耗量越大表明其环境规制强度越弱（Brunel and Levinson，2013）。为此，本章参照上述的第一种和第四种方法，分别采用以下两种方法度量环境规制的强度[①]：

① 以是否属于国家环保部界定重污染行业，作为环境规制强度的代理变量。我国自2001年开始实行绿色证券以来，国家环保部逐步明确了重污染行业的界定，对属于重污染行业的企业，重点对其进行环保核查和信息共享，并限制其股权和债权融资。因此，国家环保部界定的重污染行业，将比其他行业面临着更多的环境监管。

国家环保部在2003年6月发布的《关于对申请上市的企业和申请再融资的上市企业进行环境保护核查的通知》，将重污染行业界定为冶金、化工、石化、煤炭、火电、建材、造纸、酿造、制药、发酵、纺织、制革和采矿业等13个行业。到2008年发布的《上市公司环保核查行业分类管理名录》，进一步将重污染行业界定为火电、钢铁、水泥、电解铝、煤炭、冶金、建材、采矿、化工、石化、制药、

[①] 目前我国的环境规制政策主要针对特定行业，辅之于特定地区。由于无法直接观察到每个公司面临的环境规制强度，现有文献均以公司所处的行业或地区或国家的环境规制强度，作为对每个公司受到的环境规制强度代理变量。由于我国大多数地区的行业环境数据没有公开，而仅以公司所在地区的整体环境数据为基础进行计算，作为公司面临的环境规制强度，无法反映公司的行业环境规制特征。故本章以公司所处行业的环境规制政策特征及环境数据为基础，作为公司面临的环境规制强度变量的计算来源。

轻工、纺织、制革等14个行业并予以明细说明，根据国家统计局与证监会行业代码分类，国家环保部的2003年与2008年标准在三位数行业代码上完全相同。故本节以国家环保部2008年重污染行业分类为界定标准，将属于《上市公司环保核查行业分类管理名录》所界定的行业列为重污染行业，否则为非重污染行业。

②以行业的废水、废气治理设施运行费用除以行业工业增加值，作为环境规制强度的代理变量。由于《中国环境统计年鉴》和《中国环境统计年报》中仅有分行业废水、废气治理设置运行费用，而没有分行业固体废弃物治理设施运行费用，故本节以行业的废水和废气治理设施运行费用之和，除以行业工业增加值，作为环境规制强度的代理变量。

《中国工业经济统计年鉴》在2008年前公开了分行业的工业增加值信息，但自2008年开始不再披露分行业的工业增加值，本节根据国家统计局公布的各工业行业工业增加值增速和各行业PPI指数，推算出2008~2014年各工业行业的工业增加值。

值得注意的是，《中国环境统计年鉴》和《中国环境统计年报》没有各行业的工业增加值，仅含工业总产值，且其统计调查的行业企业数量与《中国工业经济统计年鉴》并不相同。为了保证统计口径的一致性，本节将《中国工业经济统计年鉴》中的各行业工业增加值（2008年以后为前面推算的增加值，统计口径一致），按《中国环境统计年鉴》和《中国环境统计年报》中的工业总产值，占《中国工业经济统计年鉴》中的工业总产值（2012年后为工业销售产值）的比例进行调整，作为行业废水废气治理设施运行费用的平减因子。

5.1.2.2 模型设定

为了检验受环境规制影响的企业，其政府关系对企业投资效率的影响，本节构建以模型（5-2）为基础的模型进行检验：

$$\begin{aligned}
\text{Abseinv}_{i,t} \text{ or Overinv}_{i,t} \\
\text{or Underinv}_{i,t}
\end{aligned} = \beta_0 + \beta_1 \text{Dcoscore}_{i,t} + \beta_2 \text{Er}_{i,t} + \beta_3 \text{Dcoscore}_{i,t} \text{Er}_{i,t}$$
$$+ \beta_4 \text{Fcf}_{i,t} + \beta_5 \text{Soe}_{i,t} + \beta_6 \text{Owner1}_{i,t}$$
$$+ \beta_7 \text{H10index}_{i,t} + \beta_8 \text{Nboard}_{i,t}$$
$$+ \beta_9 \text{Indboard}_{i,t} + \beta_{10} \text{Top3salary}_{i,t}$$
$$+ \beta_{11} \text{Llev}_{i,t} + \beta_{12} \text{Size}_{i,t} + \beta_{13} \text{Roa}_{i,t}$$
$$+ \sum \text{Year} + \varepsilon_{i,t} \quad (5-2)$$

模型（5-2）的变量描述如表5-1所示，其中环境规制强度变量 Er 分别使用 Er_hpind 和 Er_exp 两种不同的方法度量。

表5-1　　　　　　　　　主要变量定义

变量符号	变量名称	变量类型	定义说明
Abseinv	投资效率	因变量	根据 Richardson（2006）模型计算出的残值绝对值
Overinv	投资过度程度	因变量	根据 Richardson（2006）模型计算出大于0的残值
Underinv	投资不足程度	因变量	根据 Richardson（2006）模型计算出小于0的残值的绝对值
Dcoscore	政府关系	解释变量	具体计算过程参见前面主要变量设置部分
Er_hpind	环境规制强度变量1	解释变量	如属于国家环保部界定的重污染行业则为1，否则为0
Er_exp	环境规制强度变量2	解释变量	行业废水废气治理设施运行费用/行业工业增加值
Fcf	自由现金流量	控制变量	（当期的经营活动现金净流量－折旧与摊销－当期企业预期投资额）/期初与期末总资产的均值
Soe	实际控制人产权性质	控制变量	如实际控制人为政府或国有企业则为1，否则为0

续表

变量符号	变量名称	变量类型	定义说明
Owner1	第1大股东持股比例	控制变量	第1大股东持股数量/总股本
H10index	股权制衡度	控制变量	前10位股东持股比例的平方和
Nboard	董事会人数	控制变量	董事会人数
Indboard	独立董事占董事会人数比例	控制变量	独立董事人数/董事会人数
Top3salary	高管薪酬	控制变量	高管前三名薪酬总额的自然对数
Llev	长期负债率	控制变量	(长期借款+应付债券)/资产总计
Size	公司规模	控制变量	总资产的自然对数
Roa	总资产收益率	控制变量	净利润/总资产

本部分主要考察政府关系（Dcoscore）与环境规制强度变量（Er_hpind 或 Er_exp）的交互项系数是否显著小于 0。如以全样本的投资效率（Abseinv）为被解释变量，交互项系数显著小于 0 表明企业受到的环境规制越严格，政府关系越有助于其提高投资效率；如以投资过度样本的投资过度程度（Overinv）为被解释变量，交互项系数为负则表明政府关系有助于抑制其投资过度；如以投资不足样本的投资不足程度（Underinv）为被解释变量，交互项系数为负则表明政府关系有助于缓解企业的投资不足。

借鉴 Richardson（2006）、Firth 等（2008）、程新生等（2012）、刘行和叶康涛（2013）的处理，本节还在模型中分别控制了企业自由现金流、实际控制人性质、股权治理结构（第1大股大持股比例、前10大股东制衡度）、董事会治理结构（董事会规模、独立董事占董事会人数比例）、高管薪酬激励、债权人治理（长期负债率）和公司规模等控制变量。

5.1.2.3　样本选择与数据来源

考虑到我国的环境规制政策以五年为一个规划周期，与国民经济五年规划周期相同。故本节以"十五"规划的2001年为研究时间起点，截至2014年，中间覆盖了"十五""十一五"和"十二五"规划。对样本行业的选择，由于我国环境规制的主要行业为工业企业，且行业环境治理方面的公开数据仅包括工业行业数据（参见各年的中国环境统计年鉴或年报）。故样本的选择限定在工业行业上市公司。另外，考虑到风力、水力和太阳能发电等清洁能源发电与火力发电在能耗污染和环境规制上具有显著的不同，而上述不同类型的发电企业在国民经济行业分类中却同属于"电力、热力的生产和供应业"，为此本节删除了主营为风力、水力和太阳能发电等清洁能源发电企业。最后还删除数据缺失和上市当年的公司样本，最终获得13118个公司一年样本。以国家环保部2008年在《上市公司环保核查行业分类管理名录》中界定的火电、钢铁、水泥、电解铝、煤炭、冶金、建材、采矿、化工、石化、制药、轻工、纺织、制革等14个行业为重污染行业，其样本分布如表5-2所示。

表5-2　　　　　　　　　样本行业分布

环保部界定的重污染行业类别	公司一年数量（家）	各行业样本占重污染行业样本比例（%）	各行业样本占工业行业总样本比例（%）
火电	483	7.06	3.68
钢铁	365	5.33	2.78
水泥	266	3.89	2.03
电解铝	64	0.93	0.49
煤炭	321	4.69	2.45
冶金	511	7.46	3.90
建材	285	4.16	2.17
采矿	37	0.54	0.28
化工	1406	20.54	10.72
石化	119	1.74	0.91
制药	1281	18.71	9.77

续表

环保部界定的重污染行业类别	公司—年数量（家）	各行业样本占重污染行业样本比例（%）	各行业样本占工业行业总样本比例（%）
轻工（酿造、造纸、发酵等）	930	13.58	7.09
纺织	767	11.20	5.85
制革	11	0.16	0.08
重污染行业小计	6846	100.00	52.19
非重污染工业行业	6272		47.81
合计	13118		100.00

除前面对环境规制强度和政府关系数据来源进行说明外，本书的财务数据、公司治理数据均来自国泰安数据库，并对财务数据进行了1%分位的 Winsor 处理。

5.1.3 研究结果

5.1.3.1 描述性统计

表5-3为主要变量的描述性统计。本节同时对重污染行业样本与非重污染行业样本在主要变量方面进行了均值 T 检验。从表中可知，重污染行业和非重污染行业在主要变量方面均存在着显著性差异，表明我国的环境规制对企业各方面的影响非常大。值得注意的是，以行业废水、废气治理设施运行费用除以行业工业增加值，作为环境规制强度变量（Er_exp），在重污染行业与非重污染行业存在着约4倍的均值差异，表明本节选择行业废水、废气治理设施运行费用除以行业工业增加值作为环境规制强度变量是合适的；重污染行业的政府关系（Dcoscore）强度显著大于非重污染行业，说明在环境规制背景下，企业对政府掌握的资源的依赖性，及其政府关系对重污染行业企业的价值所在；重污染行业无论是在非效率投资（Abseinv）、投

资过度（Overinv）还是投资不足（Underinv）程度均显著大于非重污染行业，在一定程度上反映了环境规制对企业投资效率的整体负面影响，这与许松涛和肖序（2011）的研究结论一致；在长期负债率方面，重污染行业亦显著高于非重污染行业，说明重污染行业对银行融资的严重依赖性。

表 5-3　　　　　　　　　主要变量的描述性统计

变量	总样本					重污染行业均值	非重污染行业均值	重污染与非重污染行业均值检验
	N	均值	中位数	最大值	最小值			
Abseinv	13118	0.0368	0.0262	0.2927	0.0000	0.0405	0.0328	11.78***
Overinv	5230	0.0462	0.0288	0.2927	0.0000	0.0516	0.0405	8.13***
Underinv	7888	0.0306	0.025	0.1832	0.0000	0.0334	0.0276	10.31***
Er_hpind	13118	0.5219	1	1	0	1	0	—
Er_exp	13118	0.017	0.0094	0.1557	0.0011	0.0264	0.0067	60.34***
Dcoscore	13118	0.5794	0	10	0	0.693	0.4554	8.86***
Fcf	13118	0.0203	0.018	1.6409	-1.444	0.0252	0.015	6.99***
Soe	13118	0.5588	1	1	0	0.6155	0.4968	13.77***
Owner1	13118	0.3769	0.3595	0.8635	0.0324	0.3891	0.3636	9.27***
H10index	13118	0.1849	0.1545	0.7585	0.0015	0.1957	0.1731	10.16***
Nboard	13118	9.173	9	19	3	9.3961	8.9295	13.81***
Indboard	13118	0.3433	0.3333	0.7143	0	0.3406	0.3463	-3.86***
Top3salary	13118	13.499	13.592	17.167	9.1623	13.3942	13.6125	-13.02***
Llev	13118	0.0606	0.015	1.8159	0	0.0807	0.0386	25.90***
Size	13118	21.585	21.455	25.212	19.048	21.7049	21.4548	12.30***
Roa	13118	0.0327	0.0312	0.2585	-0.275	0.0348	0.0303	3.25***

注：（1）重污染与非重污染行业均值检验为 T 值检验；（2）***、**、* 分别表示在 1%、5%、10% 水平上显著。

5.1.3.2　回归检验结果

（1）全样本回归分析。

表 5-4 为所有工业行业上市公司全样本回归检验。表中第 1~

第 4 列使用了是否为国家环保部界定的重污染行业作为环境规制强度变量（Er_hpind），第 5～第 7 列使用了行业废水、废气治理设施运行费用除以行业工业增加值，作为环境规制强度变量（Er_exp）。根据表 5-4，本节发现政府关系变量（Dcoscore）在回归方程中没有引入政府关系与环境规制强度变量交互项（Er_hpind × Dcoscore 或 Er_expreg × Dcoscore）时，均显著小于 0，表明政府关系能提升企业的投资效率。这点与陈运森和朱松（2009）、张功富（2011）和 Zhou（2013）的研究结论一致。但在考虑到政府关系与环境规制强度交互影响时，政府关系变量系数不再显著，而政府关系与环境规制强度的交互项系数则在 1% 的水平显著为负，表明政府关系对投资效率的影响，主要在受环境规制严格的企业起作用，亦验证了本章的假设：受环境规制越严格的企业，政府关系越有助于提高其投资效率。

表 5-4 环境规制、政府关系对投资效率的全样本回归

因变量：Abseinv	全样本						
	1	2	3	4	5	6	7
Dcoscore	0.0006*** (-3.14)		0.0007*** (-3.56)	0.0001 (0.24)		0.0007*** (-3.62)	-0.000 (-0.05)
Er_hpind		0.005*** (8.10)	0.005*** (8.24)	0.006*** (8.82)			
Er_hpind × Dcoscore				0.001*** (-3.40)			
Er_exp					0.072*** (3.90)	0.078*** (4.19)	0.118*** (5.27)
Er_exp × Dcoscore							0.031*** (-4.27)
Fcf	0.007 (1.38)	0.005 (1.01)	0.005 (1.04)	0.005 (1.04)	0.005 (1.14)	0.005 (1.16)	0.005 (1.13)
Soe	0.0047*** (-6.39)	0.005*** (-7.11)	0.004*** (-6.74)	0.005*** (-6.85)	0.005*** (-7.07)	0.004*** (-6.71)	0.005*** (-6.80)
Owner1	-0.010 (-1.48)	-0.008 (-1.19)	-0.008 (-1.19)	-0.008 (-1.14)	-0.010 (-1.39)	-0.010 (-1.39)	-0.009 (-1.32)

续表

因变量：Abseinv	全样本						
	1	2	3	4	5	6	7
H10index	0.017** (1.97)	0.014 (1.63)	0.014 (1.61)	0.014 (1.59)	0.016* (1.87)	0.016* (1.84)	0.016* (1.81)
Nboard	-0.000 (-1.07)	-0.000 (-1.61)	-0.000* (-1.66)	-0.000* (-1.70)	-0.000 (-1.23)	-0.000 (-1.29)	-0.000 (-1.21)
Indboard	0.004 (0.78)	0.004 (0.85)	0.004 (0.77)	0.004 (0.81)	0.005 (0.88)	0.004 (0.80)	0.004 (0.79)
Top3salary	-0.001** (-2.44)	-0.000 (-1.24)	-0.000 (-1.08)	-0.000 (-1.10)	-0.001** (-2.11)	-0.001* (-1.93)	-0.000* (-1.76)
Llev	0.078*** (13.80)	0.072*** (12.77)	0.072*** (12.82)	0.073*** (12.85)	0.072*** (12.30)	0.072*** (12.31)	0.073*** (12.34)
Size	-0.002*** (-6.95)	0.002*** (-7.43)	0.002*** (-7.36)	0.002*** (-7.39)	0.002*** (-7.30)	0.002*** (-7.25)	0.002*** (-7.35)
Roa	0.046*** (8.88)	0.044*** (8.52)	0.043*** (8.42)	0.044*** (8.45)	0.047*** (9.06)	0.046*** (8.97)	0.046*** (8.94)
Constant	0.1125*** (13.19)	0.107*** (12.52)	0.105*** (12.36)	0.106*** (12.36)	0.112*** (13.18)	0.111*** (13.03)	0.110*** (12.91)
年度	控制	控制	控制	控制	控制	控制	控制
Adj-R^2	4.66%	5.07%	5.15%	5.23%	4.73%	4.82%	4.95%
F值	16.48***	21.12***	20.38***	19.74***	18.43***	17.92***	17.27***
N	13118	13118	13118	13118	13118	13118	13118

注：***、**、*分别表示在1%、5%、10%水平上显著，括号内为T值。

本节同时注意到，两种不同的环境规制强度变量系数始终显著大于0，表明环境规制整体上降低了企业的投资效率，这点与许松涛和肖序（2011）的研究结论一致。许松涛和肖序（2011）认为，环境规制对企业投资机会、投资立项、融资来源和政策风险等方面的影响，使重污染行业企业的投资效率普遍较低。

在控制变量方面，实际控制人产权性质（Soe）系数显著为负，表明国有企业的投资效率更高，这与喻坤等（2014）的结论一致。

喻坤等（2014）认为，国有企业获得的扶持性信贷补贴使国有企业在投资效率上优于非国有企业，这种情况在货币紧缩时表现得更为明显；长期负债率（Llev）系数显著为正，表明银行等长期债权人对企业投资的治理效率没有起到应有的正面作用，与张亦春等（2015）观点类似。俞鸿琳（2012）发现银行贷款是推动国企投资过度的重要原因；公司规模（Size）系数显著为负，表明企业规模越大，其投资决策越稳健，避免了投资过度与不足；总资产收益率（Roa）系数为负，表明企业当期的经营业绩对投资效率有着负面的影响，与张亦春等（2015）的结果一致。

（2）分投资过度与投资不足样本的回归分析。

表5-5为分投资过度和投资不足的样本回归结果。在投资过度的样本中，两种环境规制强度变量与政府关系的交互项系数均显著为负，说明在受环境规制越严格的企业，政府关系越有助于抑制其投资过度行为；在投资不足的样本中，我们发现两种环境规制强度变量与政府关系的交互项系数均显著为负，表明在受环境规制越严格的企业，政府关系越有助于减少其投资不足；上述分投资过度和投资不足样本的回归进一步检验了本章的研究假设。

表5-5 分投资过度与投资不足的样本回归结果

	投资过度样本 被解释变量：Overinv		投资不足样本 被解释变量：Underinv	
	(1)	(2)	(3)	(4)
Dcoscore	-0.0002 (-0.37)	-0.0000 (-0.08)	0.0002 (0.74)	-0.0000 (-0.10)
Er_hpind	0.0067*** (4.43)		0.0062*** (10.19)	
Er_hpind × Dcoscore	-0.0015* (-1.91)		-0.0010*** (-2.62)	
Er_exp		0.1233** (2.50)		0.1308*** (7.12)

续表

	投资过度样本 被解释变量：Overinv		投资不足样本 被解释变量：Underinv	
	(1)	(2)	(3)	(4)
Er_exp × Dcoscore		-0.0450*** (-3.20)		-0.0169** (-2.31)
Fcf	0.0363*** (3.24)	0.0377*** (3.37)	-0.0172*** (-4.53)	-0.0176*** (-4.63)
Soe	-0.0067*** (-4.46)	-0.0065*** (-4.32)	-0.0035*** (-5.48)	-0.0037*** (-5.73)
Owner1	-0.0129 (-0.83)	-0.0146 (-0.94)	-0.0102 (-1.52)	-0.0109 (-1.62)
H10index	0.0113 (0.59)	0.0138 (0.72)	0.0239*** (2.88)	0.0250*** (3.00)
Nboard	-0.0006* (-1.67)	-0.0005 (-1.32)	-0.0000 (-0.03)	0.0000 (0.30)
Indboard	0.0142 (1.22)	0.0137 (1.17)	0.0010 (0.20)	0.0012 (0.23)
Top3salary	-0.0025** (-2.32)	-0.0029*** (-2.69)	-0.0000 (-0.11)	-0.0003 (-0.77)
Llev	0.1095*** (10.21)	0.1105*** (9.89)	0.0244*** (5.63)	0.0219*** (4.91)
Size	-0.0034*** (-3.98)	-0.0033*** (-3.91)	-0.0025*** (-7.38)	-0.0024*** (-7.35)
Roa	0.0771*** (5.79)	0.0803*** (6.09)	0.0127*** (3.13)	0.0150*** (3.69)
Constant	0.1491*** (8.06)	0.1526*** (8.28)	0.0826*** (11.83)	0.0863*** (12.48)
年度	控制	控制	控制	控制
Adj-R^2	7.47%	7.32%	4.11%	3.67%
F值	11.84	10.6	12.31	10.85
N	5230	5230	7888	7888

注：***、**、*分别表示在1%、5%、10%水平上显著，括号内为T值。

(3) 分重污染与非重污染行业样本的回归分析。

表5-6为分重污染行业与非重污染行业样本的回归结果。重污染与非重污染行业的划分以国家环保部对重污染行业分类为标准。从表中可知，在重污染行业样本中，政府关系系数在1%的水平上显著为负，表明政府关系对重污染行业企业的投资效率有提升作用；在非重污染行业样本中，政府关系的系数并不显著，说明政府关系对企业投资效率的促进作用主要发生在重污染行业，进一步验证了本章的研究假设。

表5-6 分重污染与非重污染行业样本的回归结果

因变量：Abseinv	重污染行业样本		非重污染行业样本	
	系数	T值	系数	T值
Ddcoscore	-0.0014***	(-5.36)	0.0003	(0.87)
Fcf	0.0063	(1.02)	0.0035	(0.42)
Soe	-0.0021*	(-1.88)	-0.0078***	(-8.12)
Owner1	0.0087	(0.86)	-0.0303***	(-2.82)
H10index	-0.0049	(-0.40)	0.0381***	(2.87)
Nboard	-0.0003	(-1.03)	-0.0004	(-1.58)
Indboard	0.0100	(1.21)	-0.0023	(-0.30)
Top3salary	-0.0006	(-0.91)	0.0002	(0.25)
Llev	0.0700***	(9.93)	0.0743***	(7.37)
Size	-0.0030***	(-5.20)	-0.0028***	(-5.44)
Roa	0.0416***	(6.48)	0.0434***	(5.11)
Constant	0.1115***	(8.81)	0.1007***	(8.76)
年度	控制		控制	
Adj-R^2	4.47%		4.89%	
F值	8.98		10.49	
N	6846		6272	

注：***、**、*分别表示在1%、5%、10%水平上显著，括号内为T值。

第5章　环境规制、企业政府关系与投资行为

（4）分时间段的样本回归分析。

近年来，我国环境规制强度变化的一个分水岭在于"十一五"规划期间。在"十五"期间（2001~2005年），我国的环境规制实施强度相对较弱，环境保护计划指标没有全部实现，例如，在2005年二氧化硫排放量比2000年增加了27.8%，化学需氧量仅减少2.1%，未能完成分别削减10%的控制目标。主要污染物排放量远远超过环境容量，环境污染严重（参见2007年11月的国务院《国家环境保护"十一五"规划》）。为此我国在"十一五"期间（2006~2010年），首次将主要污染物排放总量显著减少作为经济社会发展的约束性指标，着力在认识、政策、体制和能力等方面取得重要进展。在此期间，除了加大主要污染物总量控制的约束性指标外，还推出绿色信贷和强化绿色证券政策，从外部融资方面对重污染行业企业进行规制与引导。到"十一五"期间结束时，化学需氧量、二氧化硫排放总量比2005年分别下降12.45%、14.29%，超额完成减排任务，"十一五"期间环境保护目标和重点任务全面完成（参见2011年12月的国务院《国家环境保护"十二五"规划》）。到"十二五"期间，我国的环境规制继续保持高压政策，且淘汰落后产能政策强度有加大的趋势。因此，根据研究假设我们可以预期，政府关系在环境规制强度整体较强的"十一五"和"十二五"期间，其发挥的政治目标、风险控制和资源获取优势的作用机理更为显著，而在"十五"期间则不太明显。故预期政府关系有助于受环境规制的企业在"十一五"和"十二五"期间提高投资效率；而在"十五"期间，这种作用可能不显著。

表5-7为分时间段的样本回归分析。从表中可知，在"十五"期间，政府关系与环境规制强度的交互项系数均不显著；而在"十一五"和"十二五"期间，政府关系与环境规制强度的交互项系数均显著为负，表明在越严格的环境规制背景下，政府关系对企业投资效率的正面影响越显著，进一步验证了本章的研究假设。

表 5-7　　　　　　　　　　分时间段的样本回归分析

因变量：Abseinv	"十五"(2001~2005年)		"十一五"(2006~2010年)		"十二五"(2011~2014年)	
	(1)	(2)	(3)	(4)	(5)	(6)
Dcoscore	-0.0009**	-0.0008*	0.0006	0.0004	0.0007	-0.0001
	(-2.10)	(-1.81)	(1.08)	(0.91)	(1.38)	(-0.36)
Er_hpind	0.0081***		0.0068***		0.0052***	
	(5.40)		(5.28)		(4.94)	
Er_hpind × dcoscore	-0.0001		0.0018***		0.0027***	
	(-0.13)		(-2.59)		(-4.15)	
Er_expreg		0.2969***		0.2077***		0.0209
		(5.77)		(5.00)		(0.72)
Er_expreg × dcoscore		-0.0055		0.0434***		-0.0227**
		(-0.25)		(-2.87)		(-2.56)
Fcf	0.0075	0.0100	0.0170**	0.0177**	-0.0051	-0.0038
	(0.66)	(0.87)	(2.00)	(2.08)	(-0.66)	(-0.48)
Soe	-0.0033**	-0.0040**	-0.0031**	-0.0032**	0.0072***	0.0068***
	(-2.03)	(-2.42)	(-2.44)	(-2.50)	(-6.77)	(-6.42)
Owner1	-0.0202	-0.0206	0.0100	0.0082	-0.0144	-0.0154
	(-1.35)	(-1.38)	(0.73)	(0.60)	(-1.34)	(-1.42)
H10index	0.0204	0.0220	-0.0077	-0.0049	0.0237*	0.0252*
	(1.16)	(1.26)	(-0.44)	(-0.28)	(1.83)	(1.94)
Nboard	-0.0006*	-0.0005*	-0.0001	-0.0000	-0.0003	-0.0002
	(-1.87)	(-1.72)	(-0.36)	(-0.08)	(-0.99)	(-0.59)
Indboard	-0.0090	-0.0084	0.0073	0.0086	0.0122	0.0109
	(-0.98)	(-0.92)	(0.61)	(0.73)	(1.35)	(1.21)
Top3salary	-0.0013	-0.0013	-0.0012	-0.0013	0.0012	0.0008
	(-1.55)	(-1.53)	(-1.29)	(-1.42)	(1.33)	(0.88)
Llev	0.0622***	0.0597***	0.0886***	0.0840***	0.0677***	0.0710***
	(5.62)	(5.48)	(9.52)	(8.53)	(8.67)	(8.54)
Size	0.0006	0.0004	0.0022***	0.0023***	0.0048***	0.0047***
	(0.75)	(0.50)	(-3.23)	(-3.38)	(-8.65)	(-8.40)

续表

因变量:Abseinv	"十五"(2001~2005年)		"十一五"(2006~2010年)		"十二五"(2011~2014年)	
	(1)	(2)	(3)	(4)	(5)	(6)
Roa	0.0692***(7.28)	0.0714***(7.50)	0.0333***(4.11)	0.0358***(4.42)	0.0256**(2.57)	0.0263***(2.66)
Constant	0.0457**(2.50)	0.0492***(2.68)	0.0883***(5.45)	0.0910***(5.70)	0.1168***(8.16)	0.1210***(8.45)
年度	控制	控制	控制	控制	控制	控制
Adj-R^2	7.17%	7.58%	6.16%	6.26%	5.28%	4.86%
F值	13.09	13.27	12.12	10.85	18.26	15.74
N	3337	3337	4269	4269	5512	5512

注：***、**、* 分别表示在1%、5%、10%水平上显著，括号内为T值。

（5）分产权性质的样本回归分析。

已有的研究表明，政府对国有企业有着较强的干预动机。政府通过国有产权纽带，实现其促进当地经济发展、GDP和就业等目标，但政府对非国有企业的干预力度则较弱，非国有企业较少地承担着政府的多重目标（Lin et al.，1998；曾庆生和陈信元，2006；唐雪松等，2010）。Chen等（2011）的进一步研究认为，政府通过产权纽带和政府关系两种渠道影响着企业的投资行为，以实现其政治目标，且政府关系对国有企业的影响强于对非国有企业的影响，原因在于非国有企业追求的目标为财富最大化，其建立政府关系的主要目的在于获得信贷资源和政府帮助。因此可预期对于受环境规制越严格的非国有企业，政府关系有助于减少企业在环境规制下的融资约束和政策风险，从而避免企业的投资不足。但对于投资过度方面而言，由于环境规制对市场集中度产生一定促进作用（Millimet et al.，2009），特别是具有"命令—控制"型规制工具特征的淘汰落后产能政策，在提高进入壁垒和新增投资门槛时，迫使落后产能强制性地退出市场，将加速市场集中度进程，可能由此诱发在位企业的固定资产投资过度行为。而非国有企业建立政府关系的主要目的不在于为实现政府的政治目标，因此，对于受环境规制严格的非国有企业，政府关系对抑制企业的投资过度行为并不显著。

对于国有企业而言，实现政府政治目标的重要性非常明显，往往构成了国有企业的政治任务。政府环境规制的政治目标在于节能减排，实现经济转型发展。因此，对于受环境规制严格的国有企业而言，政府关系将结合国有产权纽带进一步约束企业向重污染行业领域的投资过度，以减少政治和社会压力。结合政府关系和国有产权的资源获得优势对减少投资不足的帮助，本章认为，对于受环境规制严格的国有企业，政府关系将显著抑制企业的投资过度行为，且减少企业的投资不足。

为考察在环境规制背景下，政府关系对不同产权性质企业投资效率的影响，本章分产权性质对国有和非国有企业分别进行回归分析，表 5-8 为实际控制人产权性质为国有企业的回归结果，表 5-9 为实际控制人产权性质为非国有企业的回归结果。

表 5-8　　　　　　　　国有企业的样本回归结果

	国有企业					
	全样本 被解释变量：Abseinv		投资过度样本 被解释变量：Overinv		投资不足样本 被解释变量：Underinv	
	(1)	(2)	(3)	(4)	(5)	(6)
Dcoscore	0.0005 (1.57)	0.0003 (1.02)	0.0006 (1.02)	0.0005 (0.97)	0.0004 (1.21)	0.0001 (0.36)
Er_hpind	0.0097*** (10.41)		0.0118*** (5.69)		0.0083*** (10.30)	
Er_hpind × Dcoscore	0.0019*** (-4.19)		0.0027*** (-3.05)		-0.0011** (-2.54)	
Er_exp		0.1124*** (4.21)		0.1633*** (2.74)		0.1022*** (4.79)

续表

	国有企业					
	全样本 被解释变量：Abseinv		投资过度样本 被解释变量：Overinv		投资不足样本 被解释变量：Underinv	
	(1)	(2)	(3)	(4)	(5)	(6)
Er_exp × Dcoscore		0.0346*** (−4.33)		0.0605*** (−3.92)		−0.0142* (−1.82)
Fcf	0.0073 (1.13)	0.0090 (1.38)	0.0303** (2.11)	0.0339** (2.36)	0.0152*** (−3.00)	0.0149*** (−2.89)
Owner1	−0.0055 (−0.59)	−0.0066 (−0.70)	0.0017 (0.09)	0.0015 (0.08)	−0.0144* (−1.65)	−0.0156* (−1.78)
H10index	0.0052 (0.48)	0.0082 (0.75)	−0.0139 (−0.59)	−0.0119 (−0.51)	0.0250** (2.42)	0.0276*** (2.66)
Nboard	−0.0004** (−1.99)	−0.0003 (−1.22)	−0.0005 (−1.15)	−0.0002 (−0.58)	−0.0002 (−0.83)	−0.0001 (−0.29)
Indboard	0.0025 (0.35)	0.0039 (0.54)	0.0107 (0.68)	0.0135 (0.87)	0.0017 (0.26)	0.0027 (0.40)
Top3salary	−0.0004 (−0.56)	−0.0014** (−2.14)	−0.0016 (−1.11)	−0.0028** (−2.01)	−0.0006 (−1.03)	−0.0014** (−2.56)
Llev	0.0733*** (12.13)	0.0777*** (12.25)	0.1068*** (9.23)	0.1113*** (9.28)	0.0280*** (5.46)	0.0293*** (5.33)
Size	0.0022*** (−4.74)	0.0021*** (−4.43)	0.0027*** (−2.70)	−0.0025** (−2.45)	0.0016*** (−3.98)	0.0015*** (−3.72)
Roa	0.0375*** (5.52)	0.0436*** (6.38)	0.0619*** (3.24)	0.0702*** (3.69)	0.0115** (2.15)	0.0165*** (3.05)
Constant	0.0841*** (7.85)	0.0944*** (8.83)	0.1141*** (4.77)	0.1235*** (5.17)	0.0695*** (7.80)	0.0786*** (8.89)
年度	控制	控制	控制	控制	控制	控制
Adj−R^2	7.92%	7.04%	10.36%	9.88%	6.27%	4.78%
F值	20.05	15.48	11.50	9.51	11.91	8.57
N	7330	7330	2866	2866	4464	4464

注：***、**、*分别表示在1%、5%、10%水平上显著，括号内为T值。

表 5-9　　　　　　　非国有企业的样本回归结果

	非国有企业					
	全样本 被解释变量：Abseinv		投资过度样本 被解释变量：Overinv		投资不足样本 被解释变量：Underinv	
	(1)	(2)	(3)	(4)	(5)	(6)
Dcoscore	-0.0010* (-1.74)	-0.0015*** (-2.67)	-0.0028*** (-2.61)	-0.0028*** (-2.67)	0.0001 (0.23)	-0.0000 (-0.08)
Er_hpind	0.0030*** (2.74)		0.0021 (0.95)		0.0041*** (4.39)	
Er_hpind × Dcoscore	-0.0005 (-0.69)		0.0017 (1.10)		-0.0016** (-2.07)	
Er_expreg		0.1332*** (3.27)		0.0347 (0.41)		0.1994*** (5.42)
Er_expreg × Dcoscore		0.0126 (0.42)		0.0729 (1.37)		-0.0482* (-1.77)
Fcf	0.0016 (0.21)	0.0011 (0.14)	0.0432** (2.45)	0.0432** (2.45)	0.0209*** (-3.77)	0.0222*** (-4.02)
Owner1	-0.0128 (-1.02)	-0.0130 (-1.04)	-0.0361 (-1.40)	-0.0367 (-1.42)	0.0010 (0.09)	0.0015 (0.13)
H10index	0.0232 (1.40)	0.0232 (1.41)	0.0470 (1.38)	0.0475 (1.40)	0.0090 (0.59)	0.0083 (0.55)
Nboard	-0.0002 (-0.68)	-0.0003 (-0.71)	-0.0011 (-1.48)	-0.0011 (-1.41)	0.0001 (0.22)	0.0000 (0.11)
Indboard	0.0039 (0.42)	0.0027 (0.29)	0.0121 (0.65)	0.0115 (0.62)	-0.0027 (-0.31)	-0.0042 (-0.47)
Top3salary	-0.0004 (-0.47)	-0.0003 (-0.42)	-0.0031* (-1.86)	-0.0031* (-1.89)	0.0010 (1.40)	0.0011* (1.67)
Llev	0.0657*** (5.89)	0.0637*** (5.74)	0.1053*** (5.07)	0.1057*** (5.03)	0.0116* (1.74)	0.0096 (1.47)
Size	0.0035*** (-5.03)	0.0036*** (-5.19)	0.0037*** (-2.58)	0.0038*** (-2.64)	0.0034*** (-6.02)	0.0036*** (-6.38)
Roa	0.0459*** (5.85)	0.0469*** (5.98)	0.0822*** (4.40)	0.0838*** (4.52)	0.0119* (1.92)	0.0138** (2.21)

续表

	非国有企业					
	全样本 被解释变量：Abseinv		投资过度样本 被解释变量：Overinv		投资不足样本 被解释变量：Underinv	
	（1）	（2）	（3）	（4）	（5）	（6）
Constant	0.1177*** (8.19)	0.1191*** (8.30)	0.1746*** (5.90)	0.1774*** (5.99)	0.0905*** (7.85)	0.0915*** (8.00)
年度	控制	控制	控制	控制	控制	控制
Adj-R^2	3.00%	3.10%	5.65%	5.64%	2.91%	3.37%
F值	5.09	5.43	4.18	4.16	3.78	4.27
N	5788	5788	2364	2364	3424	3424

注：***、**、*分别表示在1%、5%、10%水平上显著，括号内为T值。

从表5-8可知，国有企业无论是在总样本还是在投资过度样本或投资不足样本，政府关系与环境规制强度的交互项均显著为负，表明在受环境规制越严格的国有企业，政府关系越有助于其提高投资效率。此结果进一步表明，政府通过产权纽带和政府关系双重渠道，实现了环境规制的目标，即约束了重污染行业企业的投资过度，旨在推进整个经济的转型发展。另外，政府关系降低了企业的投资不足，说明政府关系的环境规制风险控制与获取资源优势的作用机理，在国有重污染行业企业中依然发挥作用。

从表5-9可知，在非国有企业总样本中，政府关系与环境规制强度的交互项系数并不显著。但值得注意的是，在非国有企业的投资不足样本中，上述交互项系数则显著为负，表明政府关系获得资源优势和风险控制的作用机理在非国有重污染行业企业发挥着作用；在非国有企业的投资过度样本中，交互项系数不显著，说明政治目标的作用机理并没有起到作用，这点与非国有企业政府关系的主要目标在于实现财富最大化而非政治目标有关。由于环境规制促进了行业集中度，有利于具有资源优势的企业扩张市场份额，因此，非国有重污染行业企业，在政府关系的资源获取优势和风险控制作用机理下，较少有动机抑制其投资过度行为。

5.1.4 研究小结

与政府追求 GDP 和增加就业等目标相比，政府环境规制的目标对企业投资影响的作用机理和作用方向并不相同。政府追求 GDP 和增加就业的政治目标，将推动具有政府关系的企业，为迎合政府需求而进行投资扩张，通常表现为政府关系促进了企业的投资过度（梁莱歆和冯延超，2010；Chen et al.，2011；张祥建等，2015）。而我国环境规制的目标在于环境治理和经济结构转型发展，其主要环境规制工具如主要污染物总量控制、绿色信贷、绿色证券和淘汰落后产能政策等，对重污染行业企业的生产经营、投资、外部融资和资产清算价值等产生抑制作用。本节以"十五"到"十二五"期间的工业行业上市公司为样本，研究发现，企业所处行业的环境规制强度越严格，政府关系越有助于约束企业的投资过度行为，从而提高投资效率。因此，本节从政府环境规制视角研究政府关系对企业投资效率的影响，将有别于以往的文献研究。

另外，环境规制对企业投资的影响研究，主要文献集中在对 FDI 的影响，较少涉及对环境规制所在国本土企业投资的影响。而对本土企业投资效率方面的研究，仅有许松涛和肖序（2011）对此进行了分析，其发现环境规制整体上降低了企业的投资效率，但尚未有文献从政府关系视角研究环境规制对企业投资效率的影响，故本节的研究亦丰富了规制经济学理论。

本节以"十五"到"十二五"期间的工业企业上市公司为总体研究样本，从环境规制背景视角，考察了政府关系对企业投资效率的影响。在理论分析框架中，本节首先从政府关系的政治目标、风险控制和资源获取优势三个作用机理，对企业投资过度和投资不足的影响方向进行了论证。本节认为，为了实现政府的环境治理与经济转型目标，政府关系的政治目标作用机理有助于抑制受环境规制企业的投资过度行为；而风险控制降低了企业的环境政策与监管风险，资源获取优势提高了企业投资立项审批通过率和融资便利，因此政府关系的风险控制和资源获取优势作用机理有助于减少受环境规制企业的投资不足行为。

基于前述的理论分析，本节首先使用 Richardson（2006）模型计算出各公司各年度的投资效率。在此基础上，分别从总样本、投资过度和投资不足子样本考察政府关系与环境规制强度变量的交互作用对企业整体投资效率、投资过度和投资不足的影响。研究发现，政府关系整体上有助于提高受环境规制严格的企业的投资效率、抑制其投资过度和减少投资不足行为。本节从重污染行业和非重污染行业企业两个子样本进行分析，发现政府关系对重污染行业企业的投资效率有促进作用，而对非重污染行业企业没有显著影响。

本节进一步考察了在不同期间环境规制与政府关系的交互作用对企业投资效率的影响，发现在"十一五"和"十二五"期间，政府关系与环境规制的交互作用对企业投资效率有显著促进作用，而在"十五"期间则没有影响。究其原因，从"十一五"期间开始，我国的环境规制强度明显升级，随着绿色信贷、主要污染物总量控制的约束性指标等环境规制政策推出和绿色证券政策的加强，政府的节能减排和经济转型政治目标的重要性大幅提升，政府关系服务于政治目标的作用抑制了企业的投资过度；而环境规制强度在"十一五"和"十二五"期间整体加强，使政府关系的环境规制风险控制和资源获取优势的重要性凸显，从而有助于减少企业的投资不足。

本节最后还分析了环境规制与政府关系的交互作用对不同所有制企业投资效率的影响。研究发现，不同于非国有企业的政府关系目标在于财富最大化，国有企业的政府关系则受到环境规制政治目标的约束，使政府关系对受环境规制严格的国有企业，在投资过度方面有抑制作用，而对非国有企业没有显著影响，但无论是国有还是非国有企业，政府关系均有助于减少企业的投资不足程度。

5.2 环境规制、企业政府关系与研发投入

如何引导重污染行业企业进行研发创新、转型升级成为我国政府环境规制的重点。现有文献主要从宏观和行业层面对"波特假说"进行检验，较少涉及微观层面对重污染行业企业研发创新影响的研究。本节则从企业政府关系的微观视角，考察其对研发创新的影响机理与效应，以期为政府的环境规制决策，提供微观层面的经验证据参考。本节试图基于如下背景来推进研究：（1）主要污染物约束性指标的构建，标志着我国政府自"十一五"时期开始，环境规制强度上升到非常严格的程度，环境治理目标已成为影响政府决策的重要因素；（2）在严格环境规制背景下，政府关系带来的廉价政府资源，诱导重污染行业企业选择粗放型发展方式的政府资源基础已不复存在；（3）研发创新资源的配置，是政府关系的重污染行业企业，为迎合政府环境治理与转型升级目标，同时实现自身创新竞争优势的双赢发展方式。

5.2.1 理论分析与研究假设

5.2.1.1 理论分析

（1）政府关系对企业发展方式选择的影响——基于传统视角的分析。

政府关系能给企业带来政府管制约束下的各类资源和监管优势，如土地、信贷和政府补贴等廉价政府资源，为企业带来了低成本竞争优势，将诱使企业选择粗放型发展方式。政府关系的上述资源与监管优势，还能通过降低市场竞争、助长过度投资等方式加剧企业的粗放

型发展，阻碍创新，形成政治资源诅咒效应（袁建国等，2015）。杜兴强等（2012）、党力等（2015）、Kim（2017）的经验研究均表明政府关系抑制了企业的研发创新，其内在逻辑即政府关系企业，利用廉价政府资源优势，选择了粗放型发展方式而形成对研发创新资源配置的挤出效应。

但是前述文献并没有考虑到，政府关系带来的政府帮助、信贷和产权保护等资源优势亦可帮助企业进行研发创新活动。那么为什么政府关系企业不愿选择研发创新的发展方式了？本节认为其原因在于研发创新活动本身具有高风险性和投入产出之间的时间间隔较长等特点。相对而言，粗放型发展方式能实现低成本竞争优势，所获得的收益更为直接与迅速。因而政府关系的这种资源优势更多地诱发企业选择粗放型发展方式。

（2）重污染行业政府关系对企业发展方式选择的影响——基于严格环境规制背景的分析。

自改革开放以来，我国经济增长主要依赖于资源要素投入，呈现出粗放型增长方式的特点（王小鲁等，2009）。此增长方式为中国潜在经济增长提供了平均9.5%的增速，但约有2%为环境污染所付出的代价，带来生态资源破坏（袁富华，2010）。在此背景下，加上政府关系能给企业带来的廉价资源和政府支持，将诱使重污染行业企业选择粗放型发展方式。

由于"十五"期间我国政府的环境治理目标未能完成，我国自"十一五"开始实施严格的环境规制政策，在原有主要污染物总量控制的基础上，首次增加了化学需氧量和二氧化硫排放总量等约束性指标，期末污染物排放未达标的地区主要领导将被问责。并相继出台或强化了绿色信贷、绿色证券、淘汰落后产能政策。到"十二五"期间，主要污染物的约束性指标由2个扩展到4个，包括化学需氧量、氨氮、二氧化硫、氮氧化物，其对政府的环境治理目标进一步加大。在环境规制目标成为各级政府的约束性指标后，政府关系企业难以继续利用从政府获得的廉价要素资源和宽松监管环境，选择粗放型的发展模式。因为此类发展模式有违背于政府的环境规制目标，将使提供此类廉价资源或宽松监管环境的政府官员承担着较高的政治风险。

另外，我国的环境规制政策本身即服务于国家经济转型发展的战略目标，鼓励技术创新。如国家环境保护"十二五"规划指出，党中央、国务院高度重视环境保护工作，将其作为转变经济发展方式的重要手段，并强调加强科技支撑进行环境治理的要求。而技术进步又是我国经济转型发展的重要要求，以改变我国不具有可持续性的要素投入的粗放型经济增长方式。因此，在政府关系带来的粗放型发展方式难以为继的背景下，基于迎合政府约束性目标的考虑，政府关系更有可能推动企业将资源配置到研发创新活动上，以帮助政府实现环境治理与经济转型目标，维护良好的政企关系，并实现自身的创新竞争优势。事实上，Fan 等（2007）发现政府关系企业须帮助政府承担一些政府的职责和目标，更有可能迎合政府的干预政策。

（3）重污染行业政府关系对促进研发创新的优势分析。

①政府关系与企业的风险承担能力。研发项目通常被认为是高风险的投资项目，由研发投入引起的未来现金流量，远比投资固定资产有着更多的不确定性，且研发项目的失败率较高，因而从事研发投入的企业需要具有更多的风险承受能力。

有政府关系的公司，在遇到困境时更容易得到政府的救助（Faccio et al. , 2006）。Boubakri 等（2013）还发现，政府关系与公司风险承担呈正相关关系。因此，有政府关系的重污染行业企业，更有能力承担研究创新带来的高风险。

②政府关系与企业高管的风险承担能力。具有政府关系的高管，通过政府关系建立个人政治资本，以利于其得到政府的帮助与支持，从而构建管理防御，当企业经营业绩不佳时则能避免被解聘的风险（Cao et al. , 2017）。因此具有政府关系的高管更能承担一些高风险的研发创新活动，能忍容更多的失败。

③政府关系与企业融资便利。企业的研发投入离不开资金的支持,针对我国公司的研究表明,融资约束抑制了企业的研发投入,这种情况在民营企业中更为显著(解维敏等,2009)。康志勇(2013)的研究则表明,政府支持对企业研发具有激励效应并在一定程度上可以缓解融资约束对企业研发的抑制效应。究其原因,政府关系的企业通过政府的支持和隐形担保,具有融资的便利,因而有利于企业进行研发活动,提高研发效率。

④政府关系与信息获取优势。当企业面对不确定性政策时,其投资机会的期权价值得以提高,可导致企业减少或推迟投资(Abel and Eberly,1994)。谢乔昕(2016)的研究表明,环境规制政策的扰动对企业研发投入有着显著的抑制效应,即环境规制政策变化越大,企业越会减少对研发的投入。但对于具有政府关系的企业而言,由于与政府之间有着密切的联系,使企业能较为准确地把握政府的政策精神,从而减少企业面临的政策信息不对称。故政府关系的信息获取优势,有助于推进企业的研发投入。

⑤政府关系与知识产权保护。企业的研发创新活动有赖于相关的知识产权保护制度安排,否则企业的利益无法得到保护。对于新兴市场国家如中国而言,这种知识产权制度安排存在着缺失(Allen et al.,2005)。而政府关系企业由于与政府的良好关联,使政府关系可作为知识产权保护的替代机制,有助于企业保护其研发成果,从而在制度安排上帮助企业进行研发创新活动。

5.2.1.2 研究假设

综上分析,在严格的环境规制背景下,政府关系企业通过廉价政府资源选择粗放型发展方式难以为继。而在政府环境治理与经济转型目标导向下,基于服务于政府目标的考虑,政府关系更有可能推动企业将资源配置到研发创新活动上,以实现维护良好的政企关系与构建自身的创新竞争优势这种双赢局面。此外,政府关系有助于企业及其高管提高风险承担能力、带来融资便利、信息优势与产权保护等,将进一步推进重污染行业企业的研发创新活动。为此,本章提出研究假设 5-3:

假设 5-3:在严格环境规制背景下,政府关系推动了重污染行业企业的研发创新资源配置。

即使在重污染行业内部,不同行业不同年度亦存在着环境规制强度的差异。环境规制越强,对行业内政府关系企业原有粗放型发展方式的负面影响越大,企业受到"合法性"地位质疑的冲击亦越大,因此,政府关系企业越有动机借助于政府关系带来的研发创新资源优势,加大研发创新,以同时实现政企关系的维护与创新竞争优势的获取。为此,本章提出研究假设 5-4:

假设 5-4:环境规制强度越严格,重污染行业内的政府关系对研发资源的配置越高。

转型经济国家由于法制环境的不健全,私有产权不一定能很好地得到法律保障,从而催生了产权保护的替代机制(LaPorta et al., 2000)。国有企业由于与政府的天然产权关系,能自然得到政府的支持之手,但非国有企业则须建立相应的产权保护替代机制。而中国的非国有企业特别是民营企业能在长期的政策歧视下发展起来,说明其已有一套产权保护的替代机制(白重恩等,2005)。Butler 等(2009)的研究则表明,政府关系可部分替代正式法律制度,为民营企业发展提供产权保护。

在中国经济转型升级、供给侧改革与环保风暴背景下,政府通过行政手段加大了环境规制力度,重污染行业企业的产能安全及其发展均受到严重冲击。具体而言,重污染行业企业其生产产生的主要污染物排放量受到政府的严格监管,其投资受到所在地环境容量的约束,其产能的关停和淘汰更是直接受到政府决策的影响。在政府的高强度环保监管下,产权保护较差的非国有企业更容易受到严重的冲击。如薛爽等(2013)发现,在 2010 年"十一五"环保目标冲刺阶段,河北、山西、河南、内蒙古四省区政府对高耗能的有色金属行业实行了普遍的限电措施。国有企业被拉闸限电时间要显著少于民营企业,说明存在事实上的所有制歧视。薛爽等(2013)还进一步发现,具有企业政府关系的民营企业比不具有企业政府关系的民营企业被拉闸限电的概率更低,时间更短。

因此,相对于国有企业,重污染行业非国有企业更有动机去建立与维护政府关系,以获得政府的产权与环保政策保护,避免其在环境规制政策执行中出清。事实上,罗党论和唐清泉(2009)发现相对于国有企业,非国有企业建立政府关系的目的更多的是获得合法性地位和政府的支持,帮助其进入管制行业,消除所有制的歧视,即在侧面验证了政府关系在管制行业非国有企业中的重要性。

如前所述,在政府环境治理与经济转型目标导向下,基于建立与维护政府关系的考虑,政府关系企业需服务于政府目标,更有可能推动企业将资源配置到研发创新活动上。因此可预期重污染行业非国有企业更热衷于政府关系建设与维护,而政府关系将对其研发支出产生显著的推动作用。相对而言,由于国有企业与政府有着天然的政治联系,这种政治联系将降低通过人员政治制度安排产生的政府关系所起效应的显著性。为此本章提了研究假设 5-5:

假设 5-5:在非国有企业中,政府关系对促进重污染行业企业的研发资源配置效应尤为显著。

5.2.2 研究设计

5.2.2.1 样本选择与数据来源

本节的研发支出数据来自同花顺数据库,考虑到我国上市公司的研发数据披露主要集中在 2010 年以后,之前大部分公司未披露研发数据,为保证研究结论的可靠性,考虑到我国的环境规制政策均是以每五年计划为一个规划周期。故本节的样本年度为我国"十二五"

期间，即 2011～2015 年的我国 A 股工业企业上市公司。如前所述，我国的环境规制目标在"十五"期间未达标，到"十一五"期间则首次设定化学需氧量和二氧化硫两个约束性指标，并推出绿色信贷、绿色证券等政策，标志着我国的环境规制强度升级，并在"十二五"期间将约束性指标扩展到四个。因此，本节将研究的"十二五"期间，认定为严格的环境规制所处期间，所涉及的研究结论均为严格环境规制背景下得出的结论。

考虑到我国上市公司的行业变更较为频繁，本节将研究样本限定在样本期间行业未发生变更的样本。同时由于部分解释变量使用了滞后项。本节将样本进一步限定在 2009～2015 年行业未发生变更的工业企业。另外，由于部分属于电力、热力生产和供应业（行业代码 D44）的公司，其主营业务为水力、风力和太阳能等清洁能源发电，与火力发电企业在受到环境规制政策的影响截然不同。因此本节研究样本删除了主营为水力、风力和太阳能等清洁能源发电公司，并删除了财务数据缺失的样本，最后得到平衡面板数据共计 5425 个公司—年样本，总计 1085 家公司，其中重污染行业企业为 562 家，非重污染行业企业 523 家。

本节的财务数据、公司专利数据和公司治理数据来自国泰安数据库；研发投入数据来自同花顺数据库；政府关系数据根据公司年报中对董事长和总经理的简历描述，结合互联网检索，手工整理而来；环境规制数据，来自各年度的中国环境统计年报，结合环保税法参数计算而来。为了避免异常值对研究结果的影响，本节对财务数据作为双尾 1% 的 winsor 处理。

5.2.2.2 模型设定与变量定义

为了检验研究假设 5-3，本节构建如下基本回归模型：

$$Rd_{i,t} = \alpha_0 + \alpha_1 Pc_{i,t} + \alpha_{2-n} \sum ControlVariables_{i,t} + \epsilon_{i,t} \quad (5-3)$$

其中，Rd 为企业的研发支出强度，用企业当年的研发支出除以营业收入表示。尽管本节在样本选择时，已规避了 2010 年以前存在大量研发支出数据缺少的年度，但在"十二五"期间依然有一部分公司未披露研发支出数据，本节借鉴 Hirshleifer 等（2012）的处理方法，将研发数据缺失的值设置为 0；Pc 为政府关系哑变量，当企业有政府关系时设为 1，否则为 0。借鉴党力等（2015）的处理方法，将企业政府关系定义为企业高管具有在各级政府或监管机构担任为各级领导职务，或在各级人大、政协担任的代表或委员。且企业高管的考察范围仅限于公司的董事长和总经理。因为较之其他高管，董事长和总经理拥有或影响着企业的主要决策权和管理权，对企业的投资行为具有重大影响。

为了考察不同污染强度的行业因素对研发支出强度的影响，本节还在模型（5-3）中引入重污染行业哑变量、行业污染强度和行业环境规制强度变量，并分别与政府关系变量进行交互项处理。其中重污染行业哑变量参照 2008 年国家环保部的《上市公司环保核查行业分类管理名录》中界定的重污染行业标准，包括火电、钢铁、水泥、电解铝、煤炭、冶金、建材、采矿、化工、石化、制药、轻工、纺织、制革等行业，本节根据同花顺的公司行业分类数据，结合公司年报有关行业信息的披露，手工整理归类而成；行业污染强度变量，则根据《中华人民共和国环境保护税法》（以下简称《环保税法》）规定的当量值和单位税额（大气污染物以 1.2 元每当量；水污染物以 1.4 元每当量为参照），测算出每个行业化学需氧量、氨氮、二氧化硫、氮氧化物四种约束性污染物排放量应纳环保税总额，除以行业工业总产值。该方法有效地将利用《环保税法》的参数，将不同污染物排放量进行转化合并处理，因此能客观地反映出行业的污染强度；行业环境规制强度则以 2010 年行业污染强度减去当年行业污染强度，并除以 2010 年行业污染强度计算而来，其数值越高表明环境规制强度越大。

控制变量则参考了 Hirshleifer 等（2012）的方法，分别控制了公司规模、销售增长率、盈利能力、现金持有量、实际控制人产权性质、股权制衡度、上市年限等。为了避免内生性问题，模型（5-3）中的财务指标变量（公司规模、销售增长率、盈利能力、现金持有量）采用滞后一期的数据，公司治理、政府关系与环境规制等数据则采用当年数据。

本部分的主要变量定义如表5-10所示。

表5-10　　　　　　　　主要变量的定义

变量符号	变量名称	变量描述
Rd	研发支出强度	（研发支出金额/营业收入）×100
Pa	所有专利申请数	Ln（1+发明专利申请数+实用新型专利申请数+外观设计专利申请数）
Pi	发明专利申请数	Ln（1+发明专利申请数）
Pu	实用新型专利申请数	Ln（1+实用新型专利申请数）
Pd	外观设计专利申请数	Ln（1+外观设计专利申请数）
Pc	政府关系	如董事长或总经理为前任政府官员，或在各级人大、政协担任为代表或委员，则为1，否则为0
Pollution	重污染行业哑变量	以2008年国家环保部的《上市公司环保核查行业分类管理名录》为准，属于该目录的行业为重污染行业，值为1，否则为0
Pintense	行业污染强度	（根据《环保税》的当量值和单位税额测算出行业化学需氧量、氨氮、二氧化硫、氮氧化物四种污染物排放应纳环保税）/行业工业总产值；数值越高表明污染越严重
Erintese	行业环境规制强度	（2010年行业污染强度-当年行业污染强度）/2010年行业污染强度；数值越高表明环境规制强度越大
Size	公司规模	Ln（公司总资产）
Lev	资产负债率	总负债/总资产
Salegrowth	销售增长率	（营业收入$_t$-营业收入$_{t-1}$）/营业收入$_{t-1}$
Roa	总资产收益率	营业利润/总资产

续表

变量符号	变量名称	变量描述
Fcf	自由现金流	(经营活动产生的现金流量净额 - 购建固定资产无形资产和其他长期资产支付的现金 - 取得子公司及其他营业单位支付的现金净额)/总资产
Soe	产权性质	实际控制人如为国有企业则为1，否则为0
H10	股权制衡度	公司前10位大股东持股比例的平方和
Listyear	上市公司年限	已上市年数

为进一步考察重污染行业与非重污染行业企业在政府关系对研发投入是否存在不同影响，本节还将借鉴 Hansen（1999）面板门槛自回归模型，建立基于政府关系与企业研发支出之间的门槛回归模型，以估算政府关系对研发支出的影响是否存在着行业污染强度门槛效应，具体如下：

$$Rd_{i,t} = \alpha_1 Pc_{i,t} I(Pintense_{i,t} \leq \gamma) + \alpha_2 Pc_{i,t} I(Pintense_{i,t} > \gamma)$$
$$+ \alpha_{2-n} \sum ControlVariables_{i,t} + u_i + \epsilon_{i,t} \quad (5-4)$$

其中，行业污染强度（Pintense）为门槛变量，γ 为特定门槛值，$I(Pintense_{i,t} \leq \gamma)$ 和 $I(Pintense_{i,t} \leq \gamma)$ 为示性函数。

为了检验政府关系对研发投入效果的影响，本节构建如下基本回归模型进行检验：

$$Innovation_{i,t} = \alpha_0 + \alpha_1 Pc_{i,t} + \alpha_{2-n} \sum ControlVariables_{i,t} + \epsilon_{i,t} \quad (5-5)$$

其中，Innovation 分别用企业当年申请专利数、发明专利、实用新型专利和外观设计专利申请数表示。控制变量参考了 Hirshleifer 等（2012）的方法，分别控制了公司规模、销售增长率、股权制衡度、实际控制人产权性质等变量。

最后，本节还分别对政府关系发生变化的公司，其主要变量变化的差异进行回归分析，从动态角度考察政府关系对企业研发投入的影响，具体模型如下：

$$\Delta Rd_{i,t} = \alpha_0 + \alpha_1 \Delta Pc_{i,t} + \alpha_{2-n} \Delta ControlVariables_{i,t} + \epsilon_{i,t} \quad (5-6)$$

其中,变量变化差异的计算,分别使用政府关系发生变化后的第1年(T+1年)、第2年(T+2年)、第3年(T+3年)与发生变化前的1年(T-1年)进行差额计算。

5.2.3 研究结果

5.2.3.1 描述性统计

表5-11为不同类型企业的研发创新活动均值比较。从表中可知,重污染行业的研发强度和所有专利申请数的均值,均显著小于非重污染行业。表明企业的研发活动具有较明显的行业差异,这与孙晓华和李明珊(2014)的研究结论相一致,即企业研发投资的差异主要源于行业特征的不同。重污染行业与非重污染行业在研发创新活动方面的显著差异,本节认为主要存在以下原因:(1)重污染行业普遍属于资源环境消耗型的传统产业,以资源环境消耗产生的成本优势抑制了研发创新活动;(2)重污染行业属于高度管制行业,行业内竞争较弱,较少诱发研发创新。由于重污染与非重污染行业在研发创新活动上存在着显著差异,为了控制该差异对本节研究的影响,本节后续的研究将重污染与非重污染行业样本分开,并重点考察重污染行业样本。

表5-11 分污染、政府关系的研发支出与专利申请均值比较

		重污染		非重污染		T值检验(重污染与非重污染比较)	
		Rd	Pa	Rd	Pa	Rd 比较	Pa 比较
全样本		1.748	1.278	3.679	2.201	-28.629***	-20.457***
其中	政府关系	2.096	1.414	3.414	2.265		
	非政府关系	1.604	1.221	3.773	2.178		
T值检验(政府关系与非政治关联比较)		5.913***	3.098***	-2.780***	1.072		

注:***、**、*分别表示在1%、5%、10%水平上显著,括号内为T值。

在重污染行业内,具有政府关系的企业,其研发支出和专利申请数的均值均显著高于非政府关系的企业,与本章的研究假设5-3相吻合。在非重污染行业内则出现相反的情况,政府关系的研发支出显著小于非政府关系企业(专利申请数没有显著差异),表明在非重污染行业内,政府关系对企业的研发创新具有抑制作用,这与杜兴强等(2012)、袁建国等(2015)的研究结论一致。

表5-12为重污染行业样本的主要变量描述性统计。从表中可知,重污染行业企业平均研发强度为1.748,即企业每100元营业收入中将有1.748元用于研发支出;所有专利申请数平均值为1.278;政府关系平均值为0.292,表示有29.2%的企业具有政府关系。

表5-12 重污染行业企业主要变量的描述性统计

变量	样本量	均值	标准差	中位数	最小值	最大值
Rd	2810	1.748	2.015	0.960	0	13.14
Pa	2810	1.278	1.502	0.693	0	8.412
Pi	2810	0.945	1.256	0	0	8.178
Pu	2810	0.639	1.175	0	0	7.289
Pd	2810	0.206	0.689	0	0	4.718
Pc	2810	0.292	0.455	0	0	1
Size	2810	22.14	1.345	21.96	19.34	25.80
Lev	2810	0.506	0.225	0.509	0.0633	1.141
Salegrowth	2810	0.173	0.432	0.107	-0.516	3.066
Roa	2810	0.0331	0.0799	0.0273	-0.240	0.237
Fcf	2810	-0.0171	0.0870	-0.0123	-0.278	0.193
H10	2810	0.170	0.132	0.132	0.00287	0.810
Soe	2810	0.567	0.496	1	0	1
Listyear	2810	12.57	4.876	13	1	25

5.2.3.2 工业行业全样本回归结果

表5-13为工业行业全样本回归分析结果。为了控制异方差和多

重共线性问题，本节对所有回归方程均控制了公司层面的聚类稳健标准差。表中的第1列在未控制行业效应下，政府关系（Pc）的系数显著为负；但在第2列控制行业（大类，三位数行业代码）固定效应下，政府关系的系数不再显著，回归方程的拟合度则从19.7%提高到41.3%；在第3列控制公司个体固定效应后，政府关系系数亦不显著。上述结果表明，企业的研发强度有着非常明显的行业特征，与Hirschey等（2012）的研究发现相类似。

表5-13　　　　　　　　工业行业全样本回归结果

因变量：Rd	1	2	3	4	5	6	7
Pc	-0.227* (-1.752)	0.085 (0.786)	0.004 (0.030)	-0.068 (-0.554)	-0.476** (-2.379)	-0.107 (-0.835)	-0.228 (-1.568)
Pollution				-1.503*** (-12.782)	-1.717*** (-12.648)		
Pc*Pollution					0.766*** (3.128)		
Pintense						-0.025*** (-11.912)	-0.031*** (-9.126)
Pc*Pintense							0.012*** (3.037)
Size	-0.062 (-1.114)	0.010 (0.213)	0.094 (0.795)	0.006 (0.132)	0.011 (0.229)	-0.020 (-0.376)	-0.018 (-0.340)
Lev	-2.965*** (-8.318)	-2.521*** (-8.433)	-0.649* (-1.722)	-2.670*** (-8.200)	-2.651*** (-8.163)	-2.692*** (-7.685)	-2.691*** (-7.697)
Salegrowth	-0.041 (-0.540)	-0.121* (-1.927)	-0.177*** (-2.909)	-0.080 (-1.229)	-0.088 (-1.352)	-0.051 (-0.690)	-0.051 (-0.687)
Roa	0.410 (0.443)	0.357 (0.483)	0.598 (1.047)	0.568 (0.655)	0.527 (0.610)	0.122 (0.134)	0.184 (0.204)
Fcf	-1.299** (-2.297)	-0.532 (-1.119)	-0.452 (-1.266)	-0.757 (-1.452)	-0.811 (-1.557)	-0.902 (-1.636)	-0.944* (-1.715)
H10	-2.271*** (-4.221)	-1.293*** (-2.741)	-1.261 (-1.629)	-1.543*** (-3.015)	-1.503*** (-2.944)	-2.122*** (-3.954)	-2.130*** (-3.973)

续表

因变量：Rd	1	2	3	4	5	6	7
Soe	-0.031 (-0.212)	0.135 (1.086)	-0.682 (-1.605)	0.140 (1.039)	0.127 (0.945)	0.050 (0.350)	0.048 (0.334)
Listyear	-0.131*** (-9.398)	-0.118*** (-9.703)	0.192*** (8.722)	-0.113*** (-8.770)	-0.113*** (-8.814)	-0.127*** (-9.329)	-0.127*** (-9.367)
Constant	6.608*** (5.763)	2.684** (2.539)	-0.900 (-0.379)	4.497*** (4.148)	4.541*** (4.190)	5.673*** (5.117)	5.674*** (5.114)
年度固定效应	Y	Y	Y	Y	Y	Y	Y
行业固定效应	N	Y	N	Y	Y	N	N
公司固定效应	N	N	Y	N	N	N	N
N	5424	5425	5425	5425	5425	5425	5425
调整的 R^2	0.197	0.413	0.073	0.298	0.302	0.228	0.230

注：***、**、* 分别表示在 1%、5%、10% 水平上显著，括号内为 T 值。

在第 4 和第 5 列中，由于加入重污染行业哑变量，本节仅控制了门类（一位数代码）行业固定效应，以避免控制大类（三位数代码）行业固定效应后，与重污染行业哑变量产生严重的多重共线性。在第 6 和第 7 列中，由于引入了各行业各年度的行业污染强度变量，已实质上控制了行业固定效应，故不须控制行业，否则将产生严重的多重共线性。从第 4 和第 5 列中的重污染行业哑变量系数显著为负，以及第 6 和第 7 列中的行业污染强度变量系数显著为负，可进一步说明企业的研发强度有着非常强的行业特征，且相对于非重污染行业而言，重污染行业企业的整体研发强度更低。

本节发现第 5 列的政府关系与重污染行业哑变量交互项系数在 1% 水平显著为正；第 7 列的政府关系与行业污染强度交互项系数亦显著为正，表明重污染行业的政府关系对企业研发投入产生显著的正面推动作用，验证了本章的研究假设 5-3。

在控制变量方面，资产负债率（Lev）的系数显著为负，表明负债率越高的企业，研发投入的强度越低，在一定程度上反映了此类企业因财务压力而减少研发投入,该结果与孙晓华和李明珊(2014)的结论相一致;股权制衡度(H10)的系数显著为负,说明股权制衡度越高的企业,越有利于企业的研发投入,而一股独大则抑制了企业的研发,这与 Tribo 等(2007)的结论一致。其他控制变量本节未能发现对研发投入具有显著影响。

5.2.3.3 门槛效应模型检验

在前述全样本回归中,处于不同行业环境污染强度的企业,其政府关系对研发支出的影响效应不尽相同,表明政府关系对研发支出的影响存在着非线性关系。为了进一步考察不同行业环境污染强度的企业政府关系对研发支出的影响,本节拟借鉴 Hansen(1999)门槛效应思想,估算政府关系对研发支出的影响是否存在着行业污染强度门槛效应,即处于不同行业污染强度的企业,其政府关系对研发支出的影响系数及其方向是否存在着显著不同。

门槛效应模型首先对行业污染强度是否存在门槛效应以及门槛个数进行检验。考虑到样本的观察时间不长,使用了 bootstrap 重复抽样300次,测试是否存在着1个、2个或3个门槛,具体结果如表5-14所示。

表 5-14　　　　　　　　门槛效应检验

门槛变量	模型	F 值	P 值	BS 次数	门槛值	新增门槛值的 95% 置信区间	
Pintense	单一门槛	8.803	0.013**	300	12.753	11.621	14.187
	双重门槛	1.844	0.143	300	12.753,36.841	32.925	63.915
	三重门槛	1.792	0.126	300	12.753,36.841,21.622	20.762	23.645

注:P 值和门槛值为采用自抽样法模拟300次后得到的结果。

从表5-14的 F 值与 P 值可知,行业污染强度存在单一门槛效应,在5%的水平上显著,而双重和三重门槛效应未通过显著性检

第5章 环境规制、企业政府关系与投资行为

验。考虑到重污染行业样本的行业污染强度均值为15.827，中位数为9.162；非重污染行业样本的行业污染强度均值为1.615，中位数为0.315，而在单一门槛效应中，行业污染强度的门槛值为12.753，基本覆盖到重污染行业，表明政府关系对研发支出的非线性影响的临界点，按是否为重污染行业划分亦是合理的。

表5-15为单一门槛下的门槛效应模型估计值。从表中可知，当行业污染强度小于等于12.753时，企业政府关系对企业研发支出的影响系数为负但不显著；而当行业污染强度大于12.753时，政府关系对企业研发支出的影响系数显著为正。由于行业污染强度门槛值12.753与重污染行业样本的行业污染强度均值15.827、中位数为9.162相接近，在一定程度上反映出政府关系对企业研发支出的促进效应主要限于重污染行业内，而对非重污染行业没有显著影响。

表5-15　　　　　　　门槛效应估计结果

解释变量	估计系数	T值
Pintense	-0.029***	-13.572
Size	0.212	1.44
Lev	-0.180**	-2.171
Salegrowth	0.001	0.165
Roa	1.025*	1.713
Fcf	-0.024	-0.095
H10	-1.207	-1.136
Soe	0.334	0.839
Listyear	-0.253***	-7.292
Pc*I（Pintense≤12.753）	-0.082	-0.402
Pc*I（Pintense>12.753）	0.139**	2.176
Constant	4.647	1.521

注：***、**、*分别表示在1%、5%、10%水平上显著，括号内为T值。

5.2.3.4 分重污染与非重污染行业的样本回归结果

为进一步检验在重污染与非重污染行业中，政府关系对研发支出的不同影响，我们还分别对重污染行业与非重污染行业子样本进行回归分析，表 5-16 为分重污染与非重污染行业的样本回归结果。第 1 列为控制行业效应，第 2 列为控制公司个体效应的重污染行业样本回归，结果发现政府关系的系数均显著为正。表明在重污染行业内，政府关系有助于提高其公司的研发投入，进一步验证了本章的研究假设 5-3。第 5 列和第 6 列为分别控制行业效应和公司个体效应的非重污染行业样本回归，其政府关系系数为负（其中第 5 列显著），这在一定程度上表明在非重污染行业中，政府关系对企业的研发投入具有抑制作用，与杜兴强等（2012）、袁建国等（2015）、党力等（2015）、Kim（2017）的研究结论一致。

表 5-16　分重污染与非重污染行业的样本回归结果

因变量：Rd	重污染行业				非重污染行业	
	1	2	3	4	5	6
Pc	0.293** (2.199)	0.196** (2.193)	0.294** (2.201)	0.003 (0.015)	-0.387* (-1.944)	-0.272 (-1.044)
Erintense			0.102 (0.427)	-0.232 (-0.718)		
Pc * Erintense				1.019** (1.997)		
Size	-0.022 (-0.431)	0.097 (0.956)	-0.022 (-0.429)	-0.020 (-0.387)	0.071 (0.856)	0.055 (0.234)
Lev	-1.631*** (-4.850)	-0.359 (-1.032)	-1.630*** (-4.838)	-1.608*** (-4.769)	-3.927*** (-7.314)	-1.035 (-1.485)
Salegrowth	-0.173** (-2.325)	-0.111** (-2.155)	-0.173** (-2.330)	-0.175** (-2.380)	0.030 (0.269)	-0.268** (-2.503)
Roa	2.055** (2.449)	0.242 (0.419)	2.048** (2.442)	2.057** (2.445)	-2.631* (-1.704)	1.545 (1.323)

续表

因变量:Rd	重污染行业				非重污染行业	
	1	2	3	4	5	6
Fcf	-0.644 (-1.198)	0.130 (0.319)	-0.641 (-1.192)	-0.647 (-1.201)	-1.047 (-1.138)	-1.433** (-2.298)
H10	-1.038* (-1.908)	-0.706 (-1.346)	-1.038* (-1.908)	-1.026* (-1.896)	-2.181** (-2.514)	-1.920 (-1.092)
Soe	-0.133 (-0.931)	-0.926** (-2.265)	-0.133 (-0.930)	-0.133 (-0.932)	0.647*** (2.944)	-0.412 (-0.521)
Listyear	-0.083*** (-5.254)	0.122*** (5.334)	-0.083*** (-5.255)	-0.083*** (-5.268)	-0.140*** (-7.308)	0.273*** (6.651)
Constant	2.867** (2.549)	-1.202 (-0.581)	2.837** (2.508)	2.860** (2.544)	5.358*** (2.708)	0.269 (0.057)
年度固定效应	Y	Y	Y	Y	Y	Y
行业固定效应	Y	N	Y	Y	Y	N
公司固定效应	N	Y	N	N	N	Y
N	2810	2810	2810	2810	2615	2615
调整的 R^2	0.309	0.062	0.308	0.310	0.220	0.096

注:***、**、*分别表示在1%、5%、10%水平上显著,括号内为T值。

为了考察环境规制强度对研发支出的影响,本节进一步在重污染行业样本回归方程中加入环境规制强度变量 Erintense。在表 5-16 的第 3 列加入环境规制强度变量后,政府关系系数依然显著为正,表明政府关系推进了重污染行业企业的研发支出;在第 4 列的政府关系与环境规制强度交互项系数显著为正,说明即使在重污染行业内部,越严格的环境规制越是有助于政府关系企业的研发支出,从而验证了本章的研究假设 5-4。

5.2.3.5 分产权性质的重污染行业样本回归分析结果

表 5-17 为分产权性质的重污染行业回归分析结果。本节根据实

际控制人的产权性质,将重污染行业样本划分为中央国企、地方国企业和非国有企业子样本。在中央国企和地方国企子样本中,政府关系系数为正但不显著。但在非国有企业子样本中,政府关系系数在1%水平显著为正,表明具有政府关系的非国有重污染行业企业,更有动机加大研发投入,为谋求企业的合法性地位与自身发展要求奠定基础,亦表明非国有企业更加注重政府关系的建设,这点与贺小刚等(2013)的结论具有一致性,验证了本章的研究假设5-5。

表5-17　　分产权性质的重污染行业回归分析结果

因变量:Rd	中央国企(1)	地方国企(2)	非国有企业(3)
Pc	0.071 (0.348)	0.016 (0.100)	0.627*** (2.765)
Size	-0.111 (-1.300)	-0.029 (-0.399)	0.066 (0.581)
Lev	-1.783** (-2.437)	-1.424*** (-2.837)	-1.693*** (-3.219)
Salegrowth	0.021 (0.128)	-0.133 (-1.166)	-0.315*** (-2.922)
Roa	0.178 (0.129)	2.075 (1.560)	2.254* (1.675)
Fcf	-1.119 (-1.171)	0.466 (0.544)	-1.489* (-1.888)
H10	-0.131 (-0.175)	-0.419 (-0.513)	-2.347** (-2.551)
Listyear	-0.091*** (-3.038)	-0.027 (-1.089)	-0.120*** (-5.469)
Constant	4.065** (2.145)	2.061 (1.280)	2.765 (1.034)
时间固定效应	Y	Y	Y
行业固定效应	Y	Y	Y
N	459	1135	1216
调整的 R^2	0.414	0.195	0.337

注:***、**、*分别表示在1%、5%、10%水平上显著,括号内为T值。

5.2.3.6 稳健性检验

(1) 政府关系对企业研发效果的回归分析结果。

企业的研发资源配置,不仅可从研发投入的角度进行考察,还可从研发产出的效果进行侧面分析。表 5-18 为政府关系对重污染行业企业研发效果的回归分析结果。本节分别用当年所有专利申请数加 1 的自然对数、发明专利申请数加 1 的自然对数、实用新型专利申请数加 1 的自然对数、外观设计专利申请数加 1 的自然对数表示企业当年的研发效果。从表中可知,除了第 4 列的政府关系对外观设计专利申请的影响为正但不显著外,其余各列均显著为正,特别是第 2 列的政府关系对发明专利申请数的影响显著为正。由此可认为在重污染行业内,政府关系有助于推进企业的研发效果,从侧面验证了本章的研究假设 5-3。

表 5-18 政府关系对重污染行业企业研发效果的回归分析结果

因变量:	Pa	Pi	Pu	Pd
	(1)	(2)	(3)	(4)
Pc	0.310*** (3.156)	0.272*** (3.260)	0.113* (1.749)	0.068 (1.301)
Size	0.369*** (7.720)	0.293*** (6.857)	0.264*** (6.885)	0.045** (2.566)
Salegrowth	-0.146*** (-2.718)	-0.124*** (-2.917)	-0.123*** (-3.208)	0.013 (0.424)
H10	0.889* (1.873)	0.827** (1.984)	0.765** (2.008)	-0.042 (-0.216)
Soe	-0.069 (-0.642)	-0.023 (-0.264)	-0.038 (-0.549)	-0.009 (-0.149)
Constant	-7.519*** (-6.982)	-6.221*** (-6.430)	-5.275*** (-6.011)	-0.974** (-2.571)
年度固定效应	Y	Y	Y	Y

续表

因变量：	Pa	Pi	Pu	Pd
	(1)	(2)	(3)	(4)
行业固定效应	Y	Y	Y	Y
N	2810	2810	2810	2810
调整的 R^2	0.232	0.229	0.305	0.083

注：***、**、*分别表示在1%、5%、10%水平上显著，括号内为T值。

（2）政府关系变动对研发支出变动的影响。

为了研究结论的稳健性，本节还选择政府关系发生变化的公司样本，考察变化的政府关系是否引起了研发支出的显著变化。根据本节统计，2011年重污染行业样本公司有34家公司的政府关系发生变化；2012年有26家发生变化；2013年有38家发生变化；2014年有36家发生变化。具体的分析子样本包括三部分：①T+1年与T-1年的研发支出变化；②T+2年与T-1年的研发支出变化；③T+3年与T-1的研发支出变化。其中，T为企业政府关系发生变化的当年，T-1为政府关系发生变化的前一年；T+1为政府关系发生变化的后一年，其他与此类推。表5-19为重污染行业企业政府关系发生变化对研发支出变动影响的回归分析。

表5-19　重污染行业企业政府关系发生变化对研发投入变动的回归分析

因变量：ΔRd	T+1与T-1的差	T+2与T-1的差	T+3与T-1的差
	(1)	(2)	(3)
ΔPc	0.305*	0.504***	0.872*
	(1.762)	(2.819)	(1.758)
ΔSize	0.102	0.178	1.376
	(0.296)	(0.396)	(1.514)
ΔLev	-1.118	0.505	5.364
	(-1.166)	(0.351)	(1.311)

续表

因变量：ΔRd	T+1 与 T-1 的差 (1)	T+2 与 T-1 的差 (2)	T+3 与 T-1 的差 (3)
ΔSalegrowth	0.149 (0.401)	-0.947*** (-2.778)	-1.346 (-1.035)
ΔRoa	1.443 (0.583)	9.199** (2.082)	4.823 (0.571)
ΔFcf	-0.715 (-0.433)	1.487 (0.851)	-6.624 (-0.896)
ΔH10	-3.779 (-1.584)	-1.066 (-0.539)	-2.502 (-0.471)
ΔSoe	-0.798** (-2.371)	0.200 (0.342)	-1.010 (-0.652)
Constant	0.060 (0.256)	0.124 (0.222)	6.153** (2.331)
行业固定效应	Y	Y	Y
N	93	57	21
调整的 R^2	0.224	0.259	0.623

注：Δ表示变量 T+N 期数值与 T-1 期数值的差，其中 N 在不同子样本中分别用 1、2 和 3 表示。

表中政府关系变动后 1 年与变动前 1 年的回归分析，其政府关系变动（ΔPc）的系数显著为正，表明企业如由非政府关系转变为政府关系，将增加研发支出；或者企业由政府关系转变为非政府关系，将减少研发支出。变动后 2 年与变动前 1 年的回归分析，其结果与前面一致，且政府关系变动的系数在 1% 水平显著。由此从政府关系变化的动态视角进一步验证了本章的研究假设 5-3。

5.2.4 研究小结

本节以"十二五"期间行业属性未发生变化的工业企业为总样

本，考察严格环境规制背景下，政府关系对企业研发创新资源配置的影响。本节发现在非重污染行业内，政府关系抑制了企业的研发创新，符合政治资源诅咒效应。但是在重污染行业内，政府关系却对研发创新具有推动作用，包括提高了研发支出和研发效果。另外，对重污染行业的进一步研究表明，在环境规制越严格的行业，政府关系对研发创新资源配置的推动作用越大。

重污染行业与非重污染行业在政府关系对研发创新影响的不同效应之原因在于如下几点：（1）"十二五"期间严格的环境规制，使政府关系企业难以继续利用廉价政府资源与监管环境，选择粗放型发展方式；（2）为了迎合政府环境治理与转型升级目标，同时实现自身创新竞争优势的双赢发展方式，政府关系将推动着企业的研发创新资源配置；（3）因政府关系带来的企业及其高管提高风险承担能力、融资便利、信息优势与产权保护等，亦有助于推动重污染行业企业的研发创新活动。

本节还进一步发现非国重污染行业企业，其政府关系对研发支出的促进效应尤为显著，表明非国有企业更有动机构建与维护政府关系，以保障其在严格环境规制下的"合法性"地位，以及消除其在管制行业内受到所有制歧视。

本节的研究贡献存在以下几个方面：（1）首次发现政府关系对企业研发创新的正面促进作用，丰富了政府关系的理论研究。已有文献关于政府关系对企业研发创新影响的分析框架，均假设企业在受资源约束下，政府关系与研发创新资源配置具有互斥性（杨其静，2011），而本节则在重污染行业内发现相反的结论。（2）拓宽了重污染行业企业研发支出决策的微观研究视角。已有文献主要从宏观层面考察其对重污染行业研发支出的影响情况。与本节从微观研究视角相接近的是谢乔昕（2016）的研究，其发现政企关系能减弱环境规制扰动对企业研发投入的抑制效应，但该研究没有将重污染与非重污染行业企业分开考虑，未能区分不同行业特征背景下政府关系对研发创新活动的不同影响机理。(3) 首次使用《环保税法》中的主要污染物当量参数和单位税额参数,计算各行业的污染强度与环境规制强度。污染强度和规制强度的度量一直是环境规制方面文献所面临的研究设计难点(Brunel and Levinson,2016)。我国 2016 年年底出台的《中华人民共和国环境保护税法》,将各类污染物设置了当量值,并对水、大气和固废确定了单位税额。本节则首次使用上述参数,将化学需氧量、氨氮、二氧化硫、氮氧化物这四种约束性污染物排放量指标进行转换,得出行业污染强度单一指标,并在此基础上计算出行业环境规制强度指标,有效地避免了以往研究中,由于水、大气等不同污染物不同量纲导致无法合并计算的不足。

自"十一五"期间以来,我国的环境规制强度明显加大,先后出台主要污染物排放指标为约束性指标、绿色证券、绿色信贷等政策,以及进一步强化污染物总量控制和淘汰落后产能政策。因此,本节最佳的研究设计应能对比"十一五"前后的变化,包括政府关系对研发资源配置的影响在"十一五"期间前后是否存在着差异,从而使本节的结论更具有稳健性。但由于公司层面研发支出的数据在"十五""十一五"期间缺失过多,故本节只得选择数据较为完整的"十二五"期间样本,无法做到时间序列上的比较研究,从而影响到本节的研究深度。

环境规制、企业
外部关系构建与
投资行为研究

Chapter 6

第6章 环境规制、企业银行关系与投资行为

银行是企业外部融资的重要来源。作为债权人的银行可通过债务契约，以及契约的执行实现对借款人的监督，约束其行为（Roberts and Sufi，2009）。以服务于国家环境治理与经济转型发展战略的《绿色信贷指引》政策，更是从制度上要求银行对国家重点调控的限制类以及有重大环境和社会风险行业，制定专门的授信指引，实行差别、动态的授信政策以及风险敞口管理。此外，根据中国银监会的数据统计，自《绿色信贷指引》实施以来，21家主要银行的绿色信贷余额，从2013年6月的4.85万亿元上升到2017年6月的8.29万亿元，用于包括重污染行业在内的传统行业节能环保及服务项目以及战略新兴产业相关项目的融资，有力地引导了传统行业的节能减排转型升级[①]，而创新驱动是传统产业转型升级的重要推动力量。因此，从政策层面分析，《绿色信贷指引》政策是否强化了银行对作为借款人的重污染行业企业资金使用引导与监管，进而会影响到其固定资产投资和研发投入行为，有着重要的现实意义。

6.1 理论分析与研究假设

6.1.1 理论分析

银行关系对银行的企业监管效果存在着影响且有着不同的观点。例如，Diamond（1984）认为，银行关系有助于银行获得企业的私有信息，从而实施有效监督，减少监督成本；张敏等（2012）则发现银行关系加大了银行内部代理问题，弱化了银行对企业的监管。上述不同结论的可能原因在于，银行关系所处的不同情境对银行的企业监管效果影响，通常具有不同的方向性。由于《绿色信贷指引》在政

---

① 数据来源于中国银监会网站：http://www.cbrc.gov.cn/chinese/home/docView/96389F3E18E949D3A5B034A3F665F34E.html。

策层面上降低了银企之间的信息不对称，约束了针对重污染行业企业融资和资金配置方面的银行内部代理问题，其对银行监管效果的影响具有同方向变化性，从而为银行关系对银行的企业监管效果研究、减少研究设计噪音，提供了较好的准实验条件。本章将结合《绿色信贷指引》这一特定的环境规制政策展开理论分析。

Ashraf（2017）认为，政府为实现政治目标，可通过政治激励和政府干预影响到银行的风险导向与行为。《绿色信贷指引》政策的出台，即体现出非常强的服务于国家环境治理与转变经济发展方式战略意图。该指引通过银监会对银行的指导与监管，利用信贷政策与信贷管理，从债务融资层面改变重污染行业企业原有的粗放型发展模式，引导企业进行技术升级，实现节能减排。

但是银行关系的存在，使银行对企业的监管效果复杂化。一方面，银行关系有助于银行获得企业的私有信息，从而实施有效的监督，减少监督成本（Diamond，1984）；另一方面，张敏等（2012）发现，商业银行大股东为了获得更多的关联贷款，会降低银行高管薪酬与业绩之间的关系性，同时允许高管以更多的在职消费作为补偿，从而使对关联借款企业的监督弱化。翟胜宝等（2014）还发现，具有银行关系的企业，其风险显著高于非银行关系企业，原因在于银行关系弱化了银行监管，使关联企业更有可能进行过度投资，加大企业风险。张敏等（2012）、翟胜宝等（2014）的结论，究其根源在于银行关系带来的代理问题，包括银行大股东与其他股东的代理冲突，以及银行高管与治理层或股东之间代理冲突。银行关系的存在，使银行受托人从企业中获取私人利益具有可行性，因此，银行受托人有动机弱化对银行关系企业的监督，以满足企业的特定需求。

而随着《绿色信贷指引》政策的实施，将在一定程度上限制了银行关系带来的银行内部代理冲突问题，进而强化银行对重污染行业企业的环境风险监管，原因如下：

（1）《绿色信贷指引》政策从多层面降低了银行监管方、委托人与受托人之间的信息不对称。如《绿色信贷指引》要求,银行业金融机构应当有效识别、计量、监测、控制信贷业务活动中的环境和社会风险;银行董事会或理事会须审批高级管理层制定的绿色信贷目标和提交的绿色信贷报告,监督、评估本机构绿色信贷发展战略执行情况;银行业监管机构须组织开展现场检查,对环境和社会风险突出的地区或银行业金融机构,应当开展专项检查,并根据检查结果督促其整改。由于降低委托人与受托人之间的信息不对称是解决代理冲突的有效方法之一(Healy and Palepu, 2001),因此《绿色信贷指引》政策将有助于约束银行关系带来银行内部代理冲突问题。

(2)《绿色信贷指引》政策从多层面加大了监管机构和银行对重污染行业企业的信贷监管。如《绿色信贷指引》要求银行加大与环境风险有关的信贷准入、管理和退出等方面的监督,此类监管涉及银行业监管机构对银行的监管,银行治理层对管理层的监管,以及银行对重污染行业企业的监管。由于加强监管特别是针对受托人的监管亦是缓解代理冲突的重要方法之一(Tosi et al., 1998),因此《绿色信贷指引》将有力缓解银行内部代理冲突问题,进而提高银行对重污染行业企业的监管效果。

6.1.2 研究假设

在完美的资本市场中,企业的投资决策仅受投资机会的影响,与融资决策无关(Modigliani and Miller, 1958),但在现实世界中,企业的投资决策还受到资金来源的影响。当企业内部资金积累不足而外部融资困难或成本较高时,将会放弃部分 NPV 为正的项目,形成投资不足(Fazzari et al., 1988),包括对研发投入的影响(卢馨等, 2013)。《绿色信贷指引》对信贷资金运用有着非常明显的节能减排与转变经济发展方式政策导向,故整体上重污染行业企业的固定资产投资将受到严格的信贷约束,而研发投入因符合转型升级目标而被予以支持。

《绿色信贷指引》政策的重要导向之一在于抑制"两高"行业的粗放型发展,且该政策从多层面降低了企业与银行及监管机构之间的环境信息不对称性,强化了信贷监管,能有效缓解银行关系带来的银行监管弱化问题,限制了信贷资金流向具有银行关系的重污染行业企业的固定资产投资项目。进一步,企业在固定资产投资项目受到的外部融资约束时,将会导致其放弃部分投资机会。由此,本章提出研究假设6-1:

假设6-1:绿色信贷政策弱化了具有银行关系的重污染行业企业的固定资产投资驱动

对于具有银行关系的重污染行业企业高管而言,在《绿色信贷指引》背景下,有动机进行技术转型升级行为决策,原因如下:

(1) 银行关系降低了银行与企业之间在研发项目方面的信息不对称程度,使重污染行业企业在研发创新项目上更容易得到银行的融资支持。Benfratello 等(2008)的研究表明,银行获得企业的私有信息能力越强,其对应的遴选与监管客户成本越低,越能支持企业的研发创新活动。因此,具有银行关系的重污染行业企业,其研发创新项目,一方面吻合了国家政策导向,另一方面使银行更容易获取该项目私有信息及其风险评价,因此更易受到银行的融资支持。

(2) 银行关系有助于企业获取不确定性信息的收集与决策。企业的研发决策所需信息环境具有高度的不确定性。Faleye(2014)发现,具有较好社会关系的 CEO 能通过社会网络资源获取更多的信息,以帮助其识别与利用创新机会,提高决策效率,促进研发投入。银行拥有众多信贷客户的私有信息,能通过银行关系渠道部分地传递到银行关系企业中。因而使银行关系企业的研发决策信息不确定性程度减弱,提高其研发决策效率,降低研发风险。

(3) 银行关系有助于降低企业高管研发决策行为的个人风险承担。Manso(2011)的理论模型研究表明,给予企业管理层的"金色降落伞"和管理防御,能降低管理层的风险担当,激励其进行创新活动。银行关系由于能帮助企业特别是处于困境的企业进行融资，成为企业生存与发展的重要资源（Höwer，2016）。作为银行关系纽带的企业高管，可依托银行关系资源，构建研发创新失败时的管理防御，降低个人职业风险。因而，具有银行关系的企业高管，有能力推进企业的研发创新活动。

综上所述，本章提出研究假设 6-2：

假设 6-2：绿色信贷政策促进了具有银行关系的重污染行业企业的研发投入强度。

6.2 研究设计

6.2.1 样本选择与数据来源

我国绿色信贷政策始于 2007 年原国家环境保护总局、中国人民银行和银监会联合发布的《关于落实环保政策法规防范信贷风险的意见》。但由于绿色信贷政策体系尚不完善，在具体的执行过程中呈现出更多的自愿性特点，使绿色信贷工作更多地停留在意义和作用的认识阶段。为了进一步推进绿色信贷政策，督促金融机构以绿色信贷为抓手，调整信贷结构，促进经济发展方式转变和经济结构调整，中国银监会于 2012 年 2 月发布了《绿色信贷指引》。该指引从服务于国家战略、强化环境信息共享与监管、信贷管理监督等多层面强力推进绿色信贷工作，其政策强度远高于 2007 年处于探索阶段的《关于落实环保政策法规防范信贷风险的意见》。故本章以《绿色信贷指引》文件的发布时间为节点，考察 2007~2016 年银行关系对企业投资行为的影响，重点分析《绿色信贷指引》出台前后（2012 年）的银行关系对重污染行业企业投资行为影响的变化。

在样本的选择上，考虑到政府环境规制、绿色信贷政策对特定行业的影响，本章选择重污染行业作为研究样本。重污染行业的界定参照国家环保部 2008 年的《关于印发〈上市公司环保核查行业分类管理名录〉的通知》与 2010 年的《上市公司环境信息披露指南（征求意见稿）》，将火电、钢铁、水泥、电解铝、煤炭、冶金、化工、石化、建材、造纸、酿造、制药、发酵、纺织、制革和采矿业等认定为重污染行业。具体上市公司行业归属的认定参照申万行业分类标准，数据来源于同花顺数据库。

考虑到部分上市公司主营业务发生变化对研究设计产生的噪声影响，本章进一步将样本限定在 2007～2016 年行业未发生变化的重污染行业，并剔除数据缺失的公司、上市时间晚于 2006 年的公司，最终得到 316 家重污染行业企业，共计 3160 家公司—年平衡面板样本。具体的样本行业分布如表 6-1 所示。

表 6-1　　　　　　2007～2016 年样本行业分布　　　　　　单位：家

行业	公司数	行业	公司数	行业	公司数
火电	34	冶金	19	酿造	28
钢铁	21	化工	53	制药	66
水泥	15	石化	5	发酵	2
电解铝	5	建材	6	纺织	29
煤炭	18	造纸	13	采矿	2
合计			316		

本章的财务数据和公司特征数据来自国泰安数据库，研发数据来自同花顺数据库，为避免异常值的影响，所有财务与研发数据均进行了上下 1% 的 Winsor 处理。银行关系数据则根据高管个人简介资源手工整理而来。

6.2.2 模型设计

Tobin（1969）投资模型认为，企业的投资支出受投资机会的影响。Chen 等（2011）、Chen 等（2017）在该模型的基础上，利用投资机会变量与其他变量的交互项系数,分析其他因素是否促进或抑制了企业利用投资机会进行资本性投资支出。鉴于企业资本性支出构成主体为固定资产投资,唐清泉和巫岑(2015)还将 Tobin(1969)模型应用到固定资产投资影响分析方面。为此本章亦借鉴 Tobin(1969)投资模型,构建如下模型,考察银行关系对重污染行业企业固定资产投资强度的影响:

$$\begin{aligned}\text{Inv}_{i,t} = &\alpha_0 + \alpha_1 \text{Br}_{i,t} + \alpha_2 Q_{i,t-1} + \alpha_3 \text{Br}_{i,t} \times Q_{i,t-1} + \alpha_4 \text{Cfo}_{i,t-1} \\ &+ \alpha_5 \text{Size}_{i,t-1} + \alpha_6 \text{Lev}_{i,t-1} + \alpha_7 \text{Roa}_{i,t-1} + \alpha_8 \text{Soe}_{i,t-1} \\ &+ \alpha_9 \text{listyear}_{i,t-1} + \sum \text{Ind} + \sum \text{Province} + \sum \text{Year} + \varepsilon_{i,t} \end{aligned}$$

(6-1)

其中,因变量 Inv 为固定资产投资强度,Br 为银行关系哑变量;Q 为托宾 Q 值,表示投资机会。本章根据银行关系与投资机会的交互项(Br×Q)系数,分析银行关系是否促进或抑制了企业利用投资机会进行固定资产投资。根据已有的文献,本章还控制了经营活动现金净流量(Cfo)、公司规模(Size)、资产负债率(Lev)、总资产收益率(Roa)、产权性质(Soe)、上市年数(Listyear),同时还控制了行业(Ind)、公司所在省份(Province)和年份(Year)。为了克服回归模型的内生性问题,模型(6-1)中除银行关系变量采用当期值外,其他解释变量均滞后一期。具体变量定义如表6-2所示。

表6-2　　　　　　　　主要变量的定义

变量名	符号	变量定义与说明
固定资产投资强度	Inv	(购建固定资产无形资产和其他长期资产支付的现金 - 处置固定资产无形资产和其他长期资产收回的现金净额 - 资本化研发支出)/期初资产总额
研发投入强度	Rd	研发支出/营业收入
银行关系	Br	企业董事高管中具有银行或银行监管机构背景则为1,否则为0
托宾Q值	Q	企业市值/资产总额

续表

变量名	符号	变量定义与说明
经营活动现金净流量	Cfo	经营活动现金净流量/资产总额
公司规模	Size	Ln（资产总额）
资产负债率	Lev	负债总额/资产总额
总资产收益率	Roa	营业利润/期初资产总额
产权性质	Soe	实际控制人如为国企则为1，否则为0
上市年数	Listyear	截止当期上市年数
现金持有量	Cash	货币资金/资产总额
固定资产强度	Fix	固定资产账面价值/员工总人数
企业股票年度回报率	Ret	数据来源于国泰安数据库

为了考察银行关系对研发投入的影响，本章借鉴了 Hirshleifer 等（2012）的研发投入模型，构建如下模型：

$$\begin{aligned}Rd_{i,t} = &\alpha_0 + \alpha_1 Br_{i,t} + \alpha_2 Size_{i,t-1} + \alpha_3 Lev_{i,t-1} + \alpha_4 Roa_{i,t-1} + \alpha_5 Q_{i,t-1} \\&+ \alpha_6 Cash_{i,t-1} + \alpha_7 Fix_{i,t-1} + \alpha_8 Ret_{i,t-1} + \alpha_9 Soe_{i,t-1} \\&+ \alpha_{10} listyear_{i,t-1} + \sum Ind + \sum Province + \sum Year + \varepsilon_{i,t}\end{aligned}$$

(6-2)

其中，因变量 Rd 为研发投入强度，Cash 为企业的现金持有量，Fix 为企业固定资产强度，Ret 为企业股票年度回报率，其他控制变量的说明与模型（6-1）相同，具体变量说明见表6-2。

在模型（6-2）中，重点考察银行关系的系数是否显著为正，如为正则表明银行关系促进了企业的研发投入强度。

6.3 研究结果

6.3.1 环境规制、银行关系与固定资产投资回归结果

表6-3为银行关系对重污染行业企业固定资产投资强度影响的

第6章 环境规制、企业银行关系与投资行为

回归结果。为了控制异方差和多重共线性问题,本章对所有回归方程均控制了公司层面的聚类稳健标准差。表6-3中的模型1和模型2为2007~2016年全样本,模型3为《绿色信贷指引》(表中简称《指引》,下同)政策发布前样本(2007~2011),模型4为《绿色信贷指引》政策发布后样本(2012~2016)。

在表6-3的模型1全样本中,投资机会(Q)的系数显著为正,表明企业是基于投资机会进行固定资产投资,符合身托宾Q投资理论;在模型2的全样本中,银行关系与投资机会的交互项(Bc×Q)系数显著为正,表明银行关系促进了企业按投资机会进行固定资产投资;在模型3的2007~2011年样本回归中,发现了与模型2相同的规律且交互项系数更为显著;但在模型4的2012~2016年样本回归中,未能发现银行关系与投资机会的交互项系数具有显著性,反映出随着2012年《绿色信贷指引》政策的实施,银行关系对企业基于投资机会的固定资产投资的促进效应得以消失,从而验证了研究假设6-1,亦反映出在全样本模型2中,银行关系促进重污染行业企业基于投资机会的固定资产投资效应,仅适用于《绿色信贷指引》政策实施前。

表6-3 银行关系对重污染行业企业固定资产投资强度的影响

解释变量: Inv	模型1 2007~2016年 全样本	模型2 2007~2016年 全样本	模型3 2007~2011年 《指引》发布前	模型4 2012~2016年 《指引》发布后
Bc	0.0015 (0.51)	-0.0054 (-1.30)	-0.0106 (-1.33)	-0.0020 (-0.39)
Q	0.0038** (2.57)	0.0028* (1.77)	0.0018 (0.94)	0.0021 (0.76)
Bc×Q		0.0039* (1.87)	0.0062** (2.25)	0.0012 (0.38)
Cfo	0.0676*** (3.03)	0.0680*** (3.05)	0.1159*** (3.77)	0.0416 (1.46)
Size	0.0035** (1.97)	0.0036** (2.03)	0.0132*** (5.49)	-0.0031 (-1.26)

续表

解释变量：Inv	模型1 2007~2016年 全样本	模型2 2007~2016年 全样本	模型3 2007~2011年 《指引》发布前	模型4 2012~2016年 《指引》发布后
Lev	-0.0021 (-0.18)	-0.0032 (-0.27)	-0.0129 (-0.74)	0.0025 (0.15)
Roa	0.1240*** (4.98)	0.1248*** (4.99)	0.1029*** (3.23)	0.1361*** (3.27)
Soe	0.0085*** (2.63)	0.0085*** (2.64)	0.0052 (1.05)	0.0100** (2.53)
Listyear	-0.0017*** (-3.67)	-0.0017*** (-3.68)	-0.0025*** (-3.52)	-0.0011* (-1.89)
Constant	-0.0358 (-0.84)	-0.0372 (-0.88)	-0.2184*** (-3.79)	0.1173** (2.00)
行业	控制	控制	控制	控制
省份	控制	控制	控制	控制
年份	控制	控制	控制	控制
样本数	3160	3160	1580	1580
Adj-R^2	0.166	0.167	0.203	0.115

注：***、**、* 分别表示在1%、5%、10%水平上显著，括号内为T值。

《绿色信贷指引》的上述政策效应，在一定程度上与Bhandari和Javakhadze（2017）的研究结论类似。Bhandari和Javakhadze（2017）认为，在有限的资源分配过程中，如果企业进行社会责任方面的建设，将会牺牲部分具有商业价值的项目投资。《绿色信贷指引》政策旨在重污染行业企业的经济发展方式转变，从而约束了其在固定资产项目的投资。

在控制变量方面，经营活动现金净流量（Cfo）、公司规模（Size）、总资产收益率（Roa）、产权性质（Soe）等变量整体上对企业固定资产投资具有促进作用，而上市年数（Listyear）时间越长则投资支出越少。

表6-4为分产权性质的银行关系对重污染行业企业固定资产投

第6章 环境规制、企业银行关系与投资行为

资强度的影响。从表中可知,无论是国有企业还是非国有企业,在《绿色信贷指引》发布前(2007~2011年),银行关系与投资机会的交互项系数均显著为正;但在《绿色信贷指引》发布后(2012~2016年),国有企业与非国有企业样本的银行关系与投资机会交互项系数均不再显著,说明无论是国有企业还是非国有企业,其银行关系对固定资产投资的促进作用在绿色信贷政策后均受到制约,进一步验证了假设6-1。

表6-4 分产权性质的银行关系对重污染行业企业固定资产投资强度的影响

解释变量:Inv	模型1 国企 (2007~2011年) 《指引》发布前	模型2 国企 (2012~2016年) 《指引》发布后	模型3 非国企 (2007~2011年) 《指引》发布前	模型4 非国企 (2012~2016年) 《指引》发布后
Bc	-0.0102 (-1.13)	-0.0021 (-0.35)	-0.0026 (-0.19)	0.0061 (0.63)
Q	0.0009 (0.33)	-0.0001 (-0.03)	0.0010 (0.33)	0.0057 (1.52)
Bc×Q	0.0066* (1.79)	0.0010 (0.27)	0.0082** (2.12)	-0.0010 (-0.22)
Cfo	0.1092*** (2.71)	0.0370 (0.96)	0.0619 (1.13)	0.0395 (0.97)
Size	0.0114*** (4.06)	-0.0057* (-1.79)	0.0121* (1.86)	-0.0001 (-0.03)
Lev	0.0047 (0.21)	-0.0149 (-0.84)	-0.0643** (-2.43)	0.0011 (0.05)
Roa	0.1180*** (2.72)	0.1247** (2.40)	0.0258 (0.51)	0.0913* (1.68)
Listyear	-0.0032*** (-3.65)	-0.0023*** (-2.95)	-0.0012 (-0.89)	0.0009 (0.97)
Constant	-0.1721*** (-2.58)	0.2216*** (2.98)	-0.2033 (-1.32)	0.0582 (0.51)

续表

解释变量：Inv	模型1 国企 (2007~2011年) 《指引》发布前	模型2 国企 (2012~2016年) 《指引》发布后	模型3 非国企 (2007~2011年) 《指引》发布前	模型4 非国企 (2012~2016年) 《指引》发布后
行业	控制	控制	控制	控制
省份	控制	控制	控制	控制
年份	控制	控制	控制	控制
样本数	1139	1066	441	514
Adj – R^2	0.189	0.136	0.313	0.224

注：***、**、*分别表示在1%、5%、10%水平上显著，括号内为T值。

6.3.2 环境规制、银行关系与研发投入回归结果

表6-5为银行关系对重污染行业企业研发投入强度影响的回归结果，考虑到上市公司研发支出信息披露主要从2009年开始在年报中披露，故本部分的样本时间范围为2009~2016年，并以2012年为临界点，考察2012年前后的银行关系对企业研发投入强度的影响。从表6-5中模型1可知，银行关系整体上对企业研发投入强度没有产生显著性影响，但在模型2中，当加入Y2012年份哑变量（如为2012年及以后为1，否则为0），发现Y2012变量系数非常显著为正，表明自2012年起重污染行业企业加大了研发投入，我国的环境规制政策已在上市公司层面产生积极的效果；另外，银行关系与Y2012变量的交互项系数亦显著为正，表现自2012年起银行关系亦有助于提高企业的研发投入，模型4以2012年后的样本进行单独回归亦发现银行关系系数显著为正，而在模型3以2009~2011年的样本却没有发现此类现象。上述结果验证了本章的假设6-2。

表6-5 银行关系对重污染行业企业研发投入强度的影响

解释变量	模型1 2009~2016年 全样本	模型2 2009~2016年 全样本	模型3 2009~2011年 《指引》发布前	模型4 2012~2016年 《指引》发布后
Bc	0.0309 (0.44)	0.0070 (0.07)	-0.0473 (-0.46)	0.1212* (1.83)
Y2012		0.9806*** (11.89)		
Bc×Y2012		0.1176* (1.72)		
Size	0.1099*** (3.05)	0.1632*** (4.66)	0.0509 (1.01)	0.1205** (2.55)
Lev	-0.8970*** (-4.18)	-1.0203*** (-4.88)	-0.3581 (-1.03)	-1.1551*** (-4.31)
Roa	0.6479 (1.41)	0.2013 (0.45)	0.7779 (0.99)	0.8695 (1.53)
Q	0.1641*** (4.03)	0.1965*** (5.06)	0.1892*** (2.92)	0.1643*** (3.07)
Cash	-0.4110 (-1.17)	-0.3825 (-1.09)	-1.0647** (-1.98)	-0.1049 (-0.22)
Fix	-0.0000 (-1.19)	-0.0000 (-1.53)	0.0000 (1.41)	-0.0000 (-0.33)
Ret	-0.1953** (-2.53)	-0.0711* (-1.69)	-0.2168** (-2.36)	-0.1481 (-1.17)
Soe	-0.0438 (-0.54)	0.0144 (0.18)	-0.0067 (-0.05)	0.1276 (1.25)
Listyear	-0.0580*** (-5.27)	-0.0397*** (-3.87)	-0.0833*** (-4.59)	-0.0459*** (-3.37)
Constant	-1.4418* (-1.73)	-2.4703*** (-3.03)	0.4641 (0.39)	-0.2905 (-0.25)
行业	控制	控制	控制	控制
省份	控制	控制	控制	控制
年份	控制	—	控制	控制
样本数	2528	2528	948	1580
Adj-R^2	0.405	0.382	0.339	0.438

注：***、**、*分别表示在1%、5%、10%水平上显著，括号内为T值。

表 6-6 为分产权性质的银行关系对重污染行业企业研发投入强度影响的回归结果。从表 6-6 中模型 1 的银行关系系数显著为负可知,国有企业的银行关系在 2012 年前抑制了企业进行研发投入。结合国有企业的银行关系在 2012 年前固定资产投资中所起的推进作用可知,银行关系在 2012 年前主要在于帮助国有企业进行固定资产规模扩展,而未能促进研发投入这类高风险的投资行为。但从模型 2 可知,国有企业的银行关系对研发投入的抑制效应已消除,并促进其研发投入,尽管在统计意义上银行关系系数并不显著;而在模型 3 和模型 4 中我们看到了非国有企业银行关系对研发投入的显著变化,即从 2012 年前对推进研发投入的不显著到 5% 水平的显著,表明自《绿色信贷指引》实施以来,银行关系显著地促进了非国有企业的研发投入。从这点来看,《绿色信贷指引》政策对促进我国的环境规制政策落实,推动经济发展方式转变,无论是在国有企业还是非国有企业层面均起到了积极作用。

表 6-6 分企业性质的银行关系对重污染行业企业研发投入强度影响的回归结果

解释变量	模型 1 国有企业 (2009~2011 年) 《指引》发布前	模型 2 国有企业 (2012~2016 年) 《指引》发布后	模型 3 非国有企业 (2009~2011 年) 《指引》发布前	模型 4 非国有企业 (2012~2016 年) 《指引》发布后
Bc	-0.2159* (-1.80)	0.1214 (1.08)	0.4417 (1.48)	0.5951** (1.98)
Size	0.0448 (0.84)	-0.0442 (-0.84)	0.0204 (0.12)	0.3464*** (2.85)
Lev	-0.2526 (-0.55)	-0.1006 (-0.35)	-1.1205* (-1.72)	-3.4879*** (-5.96)
Roa	0.2675 (0.27)	1.2387* (1.77)	1.7454 (1.23)	-0.7877 (-0.69)
Q	0.2058** (2.54)	0.0343 (0.53)	0.0815 (0.60)	0.1826** (2.38)

续表

解释变量	模型1 国有企业 (2009~2011年) 《指引》发布前	模型2 国有企业 (2012~2016年) 《指引》发布后	模型3 非国有企业 (2009~2011年) 《指引》发布前	模型4 非国有企业 (2012~2016年) 《指引》发布后
Cash	-1.2306** (-2.12)	0.0191 (0.04)	-1.4289 (-1.06)	-1.2420 (-1.25)
Fix	0.0000** (2.35)	0.0000* (1.87)	-0.0000* (-1.80)	-0.0000*** (-3.75)
Ret	-0.1050 (-0.95)	0.1314 (1.05)	-0.2585 (-1.36)	-0.2842 (-1.37)
Listyear	-0.0790*** (-3.89)	-0.0577*** (-3.86)	-0.0894** (-2.13)	-0.0550* (-1.84)
Constant	0.0244 (0.02)	2.4996** (1.99)	2.5853 (0.62)	-4.1932 (-1.51)
行业	控制	控制	控制	控制
省份	控制	控制	控制	控制
年份	控制	控制	控制	控制
样本数	677	1066	271	514
Adj-R^2	0.254	0.377	0.350	0.545

注：***、**、*分别表示在1%、5%、10%水平上显著，括号内为T值。

6.4 研究小结

本章以2007~2016年行业未发生变化的316家重污染行业企业为总体研究样本，分析了2012年《绿色信贷指引》政策出台前后，银行关系对企业的固定资产投资与研发投入强度的影响。研究发现，银行关系促进了重污染行业企业基于投资机会的固定资产投资强度，但这种效应仅适用于《绿色信贷指引》政策实施前，而在2012年后绿色信贷政策使具有银行关系的重污染行业企业的固定资产投资驱动效应得以消失,且此种变化效应无论是在国有企业还是非国有企业均存在;此外,在《绿色信贷指引》出台前后,银行关系对重污染行业企业研发投入强度的整体影响由不显著性变为正向显著性,且这种变化效应在非国有企业尤为显著;而在国有企业中,银行关系的研发投入负面抑制效应在《绿色信贷指引》政策出台后得以消失。

总体而言,作为服务于是国家环境治理与转变经济发展方式的《绿色信贷指引》政策,从正式制度上改变了银行、重污染行业企业与相关决策人的经济行为,限制了银行关系带来的银行内部代理冲突问题,强化了银行对重污染行业企业的环境风险与信贷监管效率,有效地遏制了银行关系对重污染行业企业的固定资产投资驱动效应;进一步,银行关系的信息优势以及对应带来的融资便利、研发项目不确定性信息的降低和企业决策者的风险分担,推进了重污染行业企业的研发投入强度。由此可见,2012年出台的《绿色信贷指引》政策,其实施效果符合我国环境治理与转变经济发展方式的预期目标,提升了银行关系带来的银行正面监管效果,抑制了其负面代理问题,促进了信贷资金的政策配置效率和服务于国家经济战略的政策导向。

但本章的研究亦表明,实施《绿色信贷指引》政策后,具有银行关系的重污染行业企业,其研发创新的强度仅在10%的显著性水平得以提升,且国有企业的研发强度推进作用并不显著。而已有的研究认为,银行的风险规避偏好、与企业在研发项目的信息不对称和银行的议价能力,是限制债务人企业进行研发创新的深层次原因(Stiglitz, 1985; Bbrown et al., 2009; Chava et al., 2013)。银行关系则具有减少研发项目信息不对称和弱化银行议价能力的作用。因此,本章的研究说明仅从降低信息不对称和弱化银行议价能力方面不足以大力推进重污染行业的创新转型升级,而如何降低银行对符合经济转型升级要求的重污染行业企业的贷款风险则具有重要现实意义。具体而言,《绿色信贷指引》政策可从以下几个方面进行优化:第一,从政策层面上加大引导与激励银行对符合国家战略导向的重污染行业企业研发创新项目的贷款力度,在一定程度上实施政策兜底,以降低银行的贷款风险;第二,实行银行对符合国家战略导向的重污染行业企业研发创新项目的贷款风险分担机制,如加快实施完善绿色贷款信用保险制度,进一步分担转移银行的贷款风险;第三,从政策上鼓励重污染行业企业在研发创新项目进行多渠道项目融资,包括股权和债务融资,以减少银行单项贷款风险。

本章的研究将《绿色信贷资指引》政策与银行关系相结合,对重污染行业企业的投资行为进行研究,拓宽了环境经济学与银行关系理论的研究领域。同时,本章也为进一步完善我国的环境规制与《绿色信贷指引》政策,提供了经验证据和有益借鉴,这也是本章研究的现实意义所在。

环境规制、企业
外部关系构建与
投资行为研究

Chapter 7

第7章 环境规制、企业公众关系与投资行为

已有公众关系对企业投资行为的影响研究，主要集中在 FDI 方面。例如，Jakobsen 和 Jakobsen（2011）的研究已表明，社会公众的经济民族主义意识显著性地影响到所在国的 FDI 投资。而文化障碍和信誉障碍均对 FDI 有负面影响（Lankhuizen et al., 2011；De Simone and Manchin, 2012）。Cui（2011）的研究则表明，我国企业对外投资是使用子公司还是合营模式，受东道国的文化障碍等因素影响。本章的研究则首先系统地分析企业公众关系对企业本土投资行为的影响。

7.1 理论分析与研究假设

7.1.1 理论分析

资源依赖理论认为，企业的生存与发展需要外部组织提供各类重要资源，因此企业有动机建立不同形式的组织间安排（Pfeffer and Salancik, 2003），从而使其最大可能地控制重要的外部力量和资源（Santos and Eisenhardt, 2005），亦有助于企业应对来自社会"合法性"的质疑（Suchman, 1995）。企业公众关系作为旨在帮助公司建立并保持其公众之间的相互交流、理解、认可与合作的机制，对支持认同公司的经营行为方面具有一定话语权，对提升公司的合法性地位有着重要意义（Ordeix-Rigo and Duarte, 2009）。

Lindblom（1994）的研究发现，企业在合法化过程中可能采用的四种公众关系战略：（1）设法教育和告知相关公众有关公司表现和行为的改变；（2）设法改变相关公众的认识，但并不改变公司的实际行为；（3）故意将公众的视线从其关注的问题引向其他方面；（4）试图改变外部公众对其表现的期望。从已有的文献看，重污染行业企业为了缓解社会压力，主要通过承担社会责任活动（Jenkins, 2004；Jenkins and Yakovleva, 2006; Mutti et al., 2012)、披露社会责任与环境信息（Patten, 2002; Cho and Patten, 2007; 肖华和张国清, 2008; Clarkson et al., 2011）来影响公众的认知，从而构建良好的社会关系。高勇强等（2012）还直接以受环境规制的公司为对象，以 2008 年全国民营企业调查数据的研究发现，环保投入越多的企业，更愿意进行对外捐赠，由此认为企业捐赠更多地具有"工具性"，以分散转移社会公众对企业环境外部性问题的注意力。

已有的研究表明，企业社会责任与企业公众关系有着非常密切的联系。例如，Clark（2000）通过对企业社会责任与企业公众关系在起源、理论、过程和主要责任等方面的比较发现，企业公众关系与社会责任有着非常强的关系性，且两者在方法上具有相通性。因此企业良好的公众关系有助于推进企业社会责任活动。为此，本章的研究考虑到变量的可度量性，以企业捐赠支出度量企业承担的社会责任活动以及由此构建的企业公众关系。其中捐赠支出数据来源于国泰安数据库中报表附注，并以当期的营业收入作为平减因素。本章的研究如未特别说明，均将企业对外捐赠作为公众关系管理的一种方式进行分析。

事实上，已有文献关于公司对外捐赠的动机研究，即反映出企业利益相关者关系和合法性地位的考量。例如，Shleifer 和 Vishny（1994）的理论模型认为，企业通过对外捐赠，可与政府建立良好的关系。Wang 和 Qian（2011）进一步发现企业捐赠有助于提升企业的业绩，认为原因之一在于利益相关者的好感以及与政府部门的交往，从而帮助企业获得"合法性"地位，但 Wang 和 Qian（2011）未能就捐赠与合法性地位的认同进行实证研究。Firth 等（2014）还发现，进入胡润富豪榜的企业家所在企业，利用对外捐赠，降低了利益相关者特别政府对其负面的态度与行为（包括公司股价下降和政府补助减少）。傅超和吉利（2017）还发现我国上市公司面临的诉讼风险能够显著提高慈善捐赠水平，从侧面反映了公司履行企业社会责任的

"声誉保险"作用。

此外,公司对外捐赠还具有在公司声誉与差异化战略行为等方面的动机,Brammer 和 Millington(2005)发现,公司的捐赠支出水平越高,越有助于利益相关者对公司产生正面的印象,促使其获得更高的声誉。McWilliams 和 Siegel(2000)发现,高研发强度的企业,为了实施产品的差异化战略,更愿通过捐赠方式建立企业形象。山立威等(2008)通过对汶川大地震后我国 A 股上市公司捐款数据的实证分析,发现公司捐赠行为存在提高声誉以获取广告效用的经济动机。其发现公司捐赠行为是由自身能够承担社会责任的经济能力所决定的,业绩好的公司捐款总数和现金捐款数量更多。另外,公司规模及控股人类型等公司特征亦对捐赠行为有所影响。

7.1.2 研究假设

7.1.2.1 企业公众关系与合法性地位

Hillman 和 Keim(2001)的研究表明,来自利益相关者的压力是影响企业进行利益相关者管理的主要动机。其中,针对主要利益相关者的管理有助于企业构建具有竞争力的资产。但针对非主要利益相关者进行的社会责任活动,并不能给股东带来价值。Cennamo 等(2012)的研究发现,相对于其他类型的企业,家族企业更愿意与外部利益相关者进行积极交往,建立良好的公众关系。究其原因在于,家族企业更倾向于采取积极的利益相关者参与活动,可以保持和提高公司的社会情感财富,从而奠定其在社会中的合法性地位。

对外捐赠作为利益相关者关系管理的主要方法之一,对公众关系管理起到重要作用,其具有非常好的信号传递功能,不仅帮助政府实现相应的社会责任投资,也向社会传递了自身社会责任担当的信号,改善公众关系(Shapira,2011)。具体而言,Shleifer 和 Vishny

(1994)的理论模型认为,企业通过对外捐赠,可与政府建立良好的关系。Brammer和Millington(2005)发现,公司的捐赠支出水平越高,越有助于利益相关者对公司产生正面的印象,促使其获得更高的声誉;其研究还进一步发现,对外捐赠是企业进行利益相关者关系管理的重要工具。Wang和Qian(2011)进一步认为对外捐赠有助于企业获得包括政府在内的利益相关者的好感,从而帮助企业获得"合法性"地位。Firth等(2014)还发现,进入胡润富豪榜的企业家所在企业,利用对外捐赠,降低了利益相关者特别政府对其负面的态度与行为(包括公司股价下降和政府补助减少)。由于重污染行业整体上受到国家发展战略的限制,以及随着社会公众对环境保护意识的加强,企业的"合法性"地位受到严重质疑。因此重污染行业企业有动机使用对外捐赠获得利益相关者的认同。

李晓玲等(2017)检验了上市公司违规对慈善捐赠的影响,发现受到证监会和交易所处罚的公司,其慈善捐赠水平显著提高。这表明捐赠可能会被某些企业用作掩盖其违规行为、转移公众注意力、逃避违规查处的工具,且非国有企业慈善捐赠的工具性动机强于国有企业。

7.1.2.2 企业公众关系与资源外部资源获取

Harrison等(2010)认为,由于利益相关者控制或影响了企业生产经营所需要的重要外部资源,企业与外部利益相关者良好关系的构建,有助于双方形成信任关系,从而使企业获得重要外部资源的能力。此外,重要的外部资源特别是信息资源的获得,使公司能够更好地应对环境变化,推进其自身的创新,从而有助于提高企业竞争优势的可持续性。相应地,良好的公众关系有助于企业的创新活动。戴亦一等(2014)以我国地方政府换届后的民营企业捐赠行为为研究对象,发现民营企业捐赠的倾向和规模都会显著增加,且政府换届之后的慈善捐赠确实能为民营企业带来融资便利、政府补助、投资机会等多方面的经济实惠。

7.1.2.3 企业对外捐赠的其他信号传递

企业对外捐赠不仅是公众关系的重要组成部分,还具有非常强的信号传递功能。如 Shapira(2011)的研究表明,企业对外捐赠具有信号传递的功能,捐赠金额越大,越能向社会传递企业的财务状况良好与发展前景。

7.1.2.4 公众关系与企业固定资产投资

随着社会公众环保意识的加强,在地区主要污染物排放量总量限额和资源环境承载能力成为稀缺资源后,如何获得社会公众的认同与支持,避免群体事件的发生,成为重污染行业企业进行固定资产投资决策所需的重要考量。

Kim 和 Cha(2013)的研究发现,企业良好的社会公众关系,有助于构建企业的声誉,提升企业的无形价值,从而吸引到利益相关者的支持,有助于公司的生产与运营,进而提升投资收益率。对于重污染行业企业而言,这种公众关系有利于其获得合法性的社会地位,因而企业的固定资产投资行为更容易获得政府的审批和公众的认同。在此背景下,企业构建的良好社会公众关系,有助于进一步推进企业的固定资产投资。

事实上,已有的研究发现几乎在所有行业类,良好的公众关系整体上有助于提升公司的固定资产投资效率。如曹亚勇等(2012)以 2009~2010 年披露了社会责任报告的 459 家 A 股上市公司共计 824 份数据为研究样本,按照润灵环球责任评级(RKS)构造的指标来衡量公司社会责任信息披露水平,首次对我国上市公司社会责任信息披露与投资效率之间的关系进行了实证研究。结果表明,上市公司社会责任信息披露与公司投资效率显著正相关;上市公司社会责任信息披露与公司投资过度显著负相关。谢赤和杨茂勇(2013)以 2009~

2011年沪深两市披露企业社会责任报告的上市公司为研究样本，采用随机前沿分析方法实证研究了企业社会责任与非效率投资之间的关系。结果表明，企业社会责任表现越好，越有助于其外部融资，从而提高了企业的投资效率。

上述公众关系对企业固定资产投资的支持作用，其中一个重要原因在于良好的企业公众关系有助于获得外部利益相关者的支持，以及其掌握的外部资源供给。对于重污染行业而言，考虑到环境容量、主要污染物排放限制和绿色信贷等方面的影响，其进行固定资产投资通常需要经过环评审批、立项审批和融资审批等多个环节，需要得到社会公众、政府相关部门和金融机构的支持，才有可能进行投资。而公众关系不仅影响到社会公众的认知与态度，还能影响到政府相关部门和金融机构的决策。因此公众关系对重污染行业企业在固定资产投资方面影响程度远超过一般行业企业。为此我们提出研究假设7-1：

假设7-1：重污染行业企业良好的公众关系有助于企业的固定资产投资行为。

7.1.2.5 公众关系与企业研发投入

企业研发创新活动具有高风险性，需要具有风险分担体系。良好的企业公众关系，则有助于企业的风险分担。已有研究还发现，社会责任好的企业在面临外部负面冲击时，更易得到利益相关者的支持。如Lins等（2017）发现，社会责任好的企业，在金融危机期间的股票回报率高于社会责任差的企业，且具有更高的盈利能力和销售增长率，说明社会责任有助于对冲金融危机带来的市场信任冲击。此外，企业的研发创新活动亦需要得到融资方面的支持以降低财务风险，而公众关系带来的外部利益相关者的资源支持，在一定程度上能缓解企业的融资约束。

企业的研发创新活动本身亦是信息知识的不断积累创新过程。良好的企业公众关系则能提供知识共享的外部环境。如 Luo 和 Du（2015）认为，企业社会责任有助于企业与外部利益相关者进行交流、信息和知识共享，从而推进公司的内部知识积累和创新。其研究表明，重视企业社会责任的公司，表现出更高的创新能力并推出更多新产品。此外，企业社会责任与企业创新之间的这种关系对于研发强度高以及市场竞争激烈的行业，表现出更为显著的特点。

具体到重污染行业企业而言，考虑到重污染行业企业的转型压力，其外部环境不确定性更高，导致研发创新活动具有更高的风险。此外，由于重污染行业企业的研发创新本身就是实现粗放型发展转向创新驱动的绿色发展战略，更容易得到社会公众的支持。因此社会公众对其研发投入的正面影响尤为重要。

值得注意的是，部分研究认为，企业对外捐赠的动机之一在于公司管理层的代理行为，如 Masulis 和 Reza（2015）发现，公司的对外捐赠与 CEO 的个人慈善和利益偏好呈显著正相关关系，研究表明公司捐赠提高了 CEO 个人的收益，而对公司价值有着负面的影响，即 CEO 利用公司资源进行对外捐赠，为其个人谋取利益。但是，Hong 等（2016）将公司治理因素考虑到企业社会责任行为的研究中却发现，公司治理是决定 CEO 进行企业社会责任活动的重要因素，企业的社会责任活动有助于提升管理财富，而不是增加其代理成本。杨柏和林川（2016）进一步认为，为了缓解公司治理体系中存在的代理成本，一方面，企业管理层往往会"双管齐下"，既向外界传递履行良好社会责任的信息，又会加大研发投入，保证企业在理念与实际上均有长期发展的实施路径；另一方面，在一个具有良好社会责任的企业中，管理层为了企业所承担的社会责任，也会加大研发投入，让企业能够以新技术的方式更好地完成社会所赋予的盈利以外的责任。因此，杨柏和林川（2016）认为企业社会责任有助于推进其研发投入，并分别以 2012~2014 年沪深 A 股 3791 个全样本及 2412 个披露研发投入的样本，实证检验社会责任履行状况对研发投入的影响。研究发现，无论是全样本还是披露样本，社会责任履行与研发投入之间的关系表现为代理成本的降低，即社会责任履行状况越好，则研发投入程度越高。

综上所述，我们认为重污染行业企业良好的公众关系，有助于降低其研发创新风险，更好地获得外部融资支持，以及减少代理成本等方面，推进了其研发投入。为此提出研究假设7-2：

假设7-2：良好的重污染行业企业公众关系有助于企业的研发投入。

7.2 研究设计

7.2.1 样本选择与数据来源

在样本行业的选择上，考虑到政府环境规制对特定行业的影响，本章选择了重污染行业作为研究样本。重污染行业的界定参照了国家环保部2008年的《关于印发〈上市公司环保核查行业分类管理名录〉的通知》和2010年的《上市公司环境信息披露指南（征求意见稿）》标准，将火电、钢铁、水泥、电解铝、煤炭、冶金、化工、石化、建材、造纸、酿造、制药、发酵、纺织、制革和采矿业等认定为重污染行业。具体上市公司行业归属的认定参照申万行业分类标准，数据来源于国泰安数据库和同花顺数据库。

本章重点研究重污染行业企业是否利用对外捐赠作为改善与社会公众关系的工具。由于对外捐赠数据始于2008年，考虑到本章需要使用滞后项数据，故本章的研究样本时间为2009~2017年。考虑到部分公司的主营业务会发生变更，为避免此类变量对研究设计的噪音影响，本章进一步将样本限期定在2009~2017年行业未发生变更的重污染行业，最终得到3028个公司—年样本。

7.2.2 模型设计

Tobin（1969）投资模型认为，企业的投资支出受投资机会的影响。Chen 等（2011）、Chen 等（2017）在该模型的基础上，利用投资机会变量与其他变量的交互项系数，分析其他因素是否促进或抑制了企业利用投资机会进行资本性投资支出。鉴于企业资本性支出构成主体为固定资产投资，唐清泉和巫岑（2015）还将 Tobin（1969）模型应用到固定资产投资影响分析方面。为此本章亦借鉴 Tobin（1969）投资模型，构建以下模型，考察公众关系对重污染行业企业固定资产投资强度的影响：

$$\begin{aligned} Inv_{i,t} = & \alpha_0 + \alpha_1 Sr_{i,t} + \alpha_2 Q_{i,t-1} + \alpha_3 Cfo_{i,t-1} + \alpha_4 Size_{i,t-1} + \alpha_5 Lev_{i,t-1} \\ & + \alpha_6 Roa_{i,t-1} + \alpha_7 Soe_{i,t-1} + \alpha_8 listyear_{i,t-1} + \sum Ind \\ & + \sum Province + \sum Year + \varepsilon_{i,t} \end{aligned} \quad (7-1)$$

其中，因变量 Inv 为固定资产投资强度，根据已有文献我们选择现金流量表相关数据表述固定投资强度，即现金流量表中的购建固定资产无形资产和其他长期资产支付的现金，减去处置固定资产无形资产和其他长期资产收回的现金净额，再减去资本化研发支出，最后用期初总资产进行平均。尽管上述计算公式包含部分无形资产投资，但考虑到无形资产投资的量级远远小于固定资产投资，因此我们认为上述计算公式基本上能反映出企业的固定资产投资强度。

Sr 为公众关系，分别使用对外捐赠支出强度（当期对外捐赠支出金额除以当期营业收入）和对外捐赠支出哑变量（当对外捐赠支出强度高于样本均值时为 1，否则为 0）进行表述；Q 为托宾 Q 值，表示投资机会。本章根据银行关系与投资机会的交互项（Br×Q）系数，分析银行关系是否促进或抑制了企业利用投资机会进行固定资产投资。根据已有的文献，本章还控制了经营活动现金净流量（Cfo）、公司规模（Size）、资产负债率（Lev）、总资产收益率（Roa）、产权性质（Soe）、上市年数（Listyear），同时还控制了行业（Ind）、公司所在省份（Province）和年份（Year）。为了克服回归模型的内生性问题，模型（7-1）中除银行关系变量采用当期值外，其他解释变量均滞后一期。具体变量定义如表7-1所示。

表7-1　　　　　　　　　　主要变量定义

变量名	符号	变量定义与说明
固定资产投资强度	Inv	（购建固定资产无形资产和其他长期资产支付的现金－处置固定资产无形资产和其他长期资产收回的现金净额－资本化研发支出）/期初资产总额
研发投入强度	Rd	研发支出/营业收入
公众关系	Sr	企业对外捐赠占营业收入；在稳健性检验中，以超过均值为1否则为0作为哑变量
托宾Q值	Q	企业市值/资产总额
经营活动现金净流量	Cfo	经营活动现金净流量/资产总额
公司规模	Size	Ln（资产总额）
资产负债率	Lev	负债总额/资产总额
总资产收益率	Roa	营业利润/期初资产总额
产权性质	Soe	实际控制人如为国企则为1，否则为0
上市年数	Listyear	截止当期上市年数
现金持有量	Cash	货币资金/资产总额
固定资产强度	Fix	固定资产账面价值/员工总人数
企业股票年度回报率	Ret	数据来源于国泰安数据库

在模型（7-1）中，我们重点考察公众关系变量的系数是否显著为正，如为正表明公众关系推进了重污染行业企业的固定资产投资。

为了考察企业公众关系对研发投入的影响，本章借鉴了 Hirshleifer 等（2012）的研发投入模型，构建以下模型：

$$Rd_{i,t} = \alpha_0 + \alpha_1 Sr_{i,t} + \alpha_2 Size_{i,t-1} + \alpha_3 Lev_{i,t-1} + \alpha_4 Roa_{i,t-1} + \alpha_5 Q_{i,t-1} \\ + \alpha_6 Cash_{i,t-1} + \alpha_7 Fix_{i,t-1} + \alpha_8 Ret_{i,t-1} + \alpha_9 Soe_{i,t-1}$$

$$+ \alpha_{10} \text{listyear}_{i,t-1} + \sum \text{Ind} + \sum \text{Province} + \sum \text{Year} + \varepsilon_{i,t}$$
(7-2)

其中，因变量 Rd 为研发投入强度。本章首先使用当期的研发支出除以当期的营业收入表述。考虑到部分公司年报未披露研发支出数据，本章分别按以下方式进行处理：（1）将未披露研发支出数据的公司，设定其研发支出金额为0。（2）将未披露研发支出数据的公司样本删除；Sr 为公众关系，定义同前；控制变量分别控制了公司规模（Size）、资产负债率（Lev）、总资产收益率（Roa）、托宾 Q 值（Q）、现金持有量（Cash）、固定资产强度（Fix）、企业股票年度回报率（Ret）、产权性质（Soe）、上市年数（Listyear）等变量，具体变量定义详见主要变量定义表。此外，回归方程中还控制了行业、省份和年度等变量。

在模型（7-2）中，重点考察银行关系的系数是否显著为正，如为正表明银行关系促进了企业的研发投入强度。

7.3 研究结果

7.3.1 环境规制、公众关系与固定资产投资研究结果

7.3.1.1 描述性统计

表7-2为主要变量的描述性统计。从表中可知，重污染行业企业的固定资产投资强度平均为4.17%，但是分布不均衡，最高值达到67%，最低值为负数，表明部分企业固定资产更新投资的速度远低于原有固定资产淘汰的速度，这反映了我国环境规制政策对重污染行业固定资产方面的影响，特别是淘汰落后产能政策，推进了部分各类外部资源匮乏的重污染行业企业的落后产能淘汰。

表 7-2　　　　　　　　　主要变量的描述性统计

变量名	样本数	均值	标准差	最小值	中位数	最大值
Inv	3208	0.0417	0.1085	-0.2116	0.0176	0.6720
Sr	3208	0.0003	0.0008	0	0.0001	0.0056
Q	3208	1.789	1.679	0.1726	1.2387	8.8365
Cfo	3208	0.0747	0.0902	-0.1711	0.0673	0.3935
Size	3208	22.44	1.398	19.7	22.317	26.3297
Lev	3208	0.5062	0.2069	0.062	0.5153	0.9849
Roa	3208	0.0496	0.0951	-0.1889	0.0323	0.4208
Soe	3208	0.6724	0.4694	0	1	1
Listyear	3208	12.92	5.026	1	13	26

我们注意到作为代替公众关系的对外捐赠变量，其均值为 0.03%，表明我国重污染行业企业平均每万元营业收入，仅有 3 元用于对外捐款，甚至有部分公司未进行对外捐赠，说明我国重污染行业企业的公众关系管理还任重而道远。

表 7-3 为主要变量的相关系数表，其中左下角为 Pearson 相关系数，右上角为 Spearman 秩相关系数。从表中可知，固定资产投资强度与公众关系的相关系数均在 1% 的水平具有显著性正相关，从侧面验证了本章的研究假设 7-1。

表 7-3　　　　　　　　　主要变量的相关系数

	Inv	Sr	Q	Cfo	Size	Lev	Roa
Inv		0.17***	0.02	0.12***	0.14***	-0.03*	0.30***
Sr	0.07***		0.15***	0.11***	-0.00	-0.17***	0.29***
Q	0.01	0.15***		0.17***	-0.61***	-0.63***	0.46***
Cfo	0.07***	0.12***	0.22***		0.09***	-0.25***	0.52***
Size	0.05***	-0.06***	-0.48***	0.08***		0.36***	-0.01
Lev	0.00	-0.18***	-0.50***	-0.25***	0.32***		-0.55***
Roa	0.15***	0.23***	0.43***	0.59***	0.03	-0.50***	

注：***、**、* 分别表示在 1%、5%、10% 水平上显著，括号内为 T 值。

第7章 环境规制、企业公众关系与投资行为

7.3.1.2 多元回归分析

表7-4为重污染行业企业的公众关系与固定资产投资强度的多元回归表。从表中可知,公众关系系数在所有回归模型中均显著为正,表明重污染行业企业的公众关系越强,越能推动企业的固定资产投资,从而验证了本章的研究假设7-1。此外,我们注意到投资机会(Q)变量系数显著为正,说明整体上重污染行业企业依然根据投资机会进行固定资产投资。总资产收益率(Roa)的系数显著为正,表明赢利能力越强的企业,越能进行固定资产投资。但是,我们发现经营活动现金净流量(Cfo)为负,可能的原因在于我国重污染行业企业依然受到了投资驱动发展模式的影响。

表7-4　　　　　公众关系与固定资产投资强度回归

因变量：Inv	模型1	模型2	模型3	模型4
Sr	10.4962 *** (3.82)	7.0337 ** (2.44)		
D_Sr			0.0185 *** (4.39)	0.0105 ** (2.46)
Q		0.0037 ** (1.96)		0.0037 ** (1.98)
Cfo		-0.0679 ** (-2.42)		-0.0664 ** (-2.37)
Size		-0.0006 (-0.25)		-0.0005 (-0.20)
Lev		0.0119 (0.86)		0.0120 (0.87)
Roa		0.2063 *** (5.83)		0.2080 *** (5.88)
Soe		0.0043 (0.94)		0.0044 (0.98)

续表

因变量：Inv	模型 1	模型 2	模型 3	模型 4
listyear		-0.0022*** (-4.35)		-0.0021*** (-4.17)
_cons	0.0051 (0.46)	0.0337 (0.58)	0.0058 (0.53)	0.0294 (0.51)
行业	控制	控制	控制	控制
省份	控制	控制	控制	控制
年份	控制	控制	控制	控制
样本数	3208	3208	3208	3208
Adj-R^2	0.07	0.10	0.07	0.10

注：***、**、*分别表示在1%、5%、10%水平上显著，括号内为T值。

表7-5为分是否受到环保部门处罚的样本的回归结果。Regrec为企业受到环境监管部门处罚的监管强度。考虑到上市公司均拥有众多子公司，而环境监管部门的监管处罚主要针对子公司层面，故本章对监管强度变量以上市公司收到的环境监管处罚记录数量除以纳入合并报表范围内子公司数进行平减，其中上市公司环境监管处罚记录数量信息来自公众环境研究中心（IPE）。

表7-5 分环境监管记录的公众关系与固定资产投资回归结果

解释变量：Inv	模型 1	模型 2	模型 3
	全样本	受到环保处罚样本	未受到环保处罚样本
Sr	7.0062** (2.24)	4.3006 (1.21)	6.7542** (2.12)
Regrec	-0.0103 (-0.97)		
Sr×Regrec	-0.5308* (-1.71)		
Q	0.0037** (1.96)	-0.0015 (-0.36)	0.0041* (1.95)

续表

解释变量: Inv	模型1 全样本	模型2 受到环保处罚样本	模型3 未受到环保处罚样本
Cfo	-0.0679** (-2.42)	-0.1074 (-1.63)	-0.0653** (-2.09)
Size	-0.0006 (-0.25)	0.0002 (0.04)	-0.0011 (-0.41)
Lev	0.0119 (0.86)	-0.0272 (-0.60)	0.0149 (0.99)
Roa	0.2063*** (5.83)	0.2192** (2.45)	0.2082*** (5.41)
Soe	0.0043 (0.94)	0.0160 (1.53)	0.0025 (0.50)
Listyear	-0.0022*** (-4.34)	-0.0029*** (-2.97)	-0.0022*** (-3.94)
_cons	0.0334 (0.57)	0.1158 (0.96)	0.0353 (0.54)
行业	控制	控制	控制
省份	控制	控制	控制
年份	控制	控制	控制
样本数	3208	514	2694
Adj-R^2	0.10	0.12	0.10

注：***、**、*分别表示在1%、5%、10%水平上显著，括号内为T值。

从表7-5可知，企业公众关系对固定资产投资支出有着显著性的正面影响，而环境监管对企业的固定资产投资支出整体上没有影响，但公众关系与环境监管强度系数的交互项显著为负，表明受到环保处罚的重污染行业企业，其公众关系并不能推进固定资产投资。此外，从表7-5中的模型2可知，在受到环保处罚的样本中，公众关系系数不显著；而在模型3未受到环保处罚的样本中，公众关系系数依然显著为正，进一步表明公众关系对重污染行业企业固定资产投资的推进效应，主要存在于未受到环境监管处罚的公司，而对受到环境监管处罚的公司无效。由此可知，我国重污染行业企业的固定资产投资推动，要符合经营历史上的环保要求，其次才是公众关系的推进。

考虑到我国各省区市经济发展水平和环境容量的差异，由此可能导致不同地区在环境规制的执行力度和重点有所差异，故我们进一步按国家统计局网站首次发布《2016年生态文明建设年度评价结果公报》排名地区，将排名前十五的省区市作为高生态文明建设地区，排名后十五的省区市作为低生态文明建设地区，分别进行回归分析。具体结果如表7-6所示。

表7-6　　　　分地区的公众关系与固定资产投资回归结果

因变量: Inv	模型1 高生态文明建设地区	模型2 低生态文明建设地区	模型3 高生态文明建设地区	模型4 低生态文明建设地区
Sr	9.4032** (2.48)	4.0772 (0.84)		
D-Sr			0.0131** (2.57)	0.0046 (0.57)
Q	0.0009 (0.42)	0.0075** (2.23)	0.0011 (0.48)	0.0076** (2.24)
Cfo	-0.0176 (-0.49)	-0.1347*** (-2.86)	-0.0161 (-0.45)	-0.1341*** (-2.84)
Size	-0.0027 (-0.88)	0.0004 (0.08)	-0.0023 (-0.80)	0.0005 (0.12)
Lev	0.0132 (0.71)	-0.0006 (-0.03)	0.0150 (0.79)	-0.0014 (-0.07)
Roa	0.1377*** (3.11)	0.2754*** (4.57)	0.1452*** (3.28)	0.2745*** (4.55)
Soe	0.0049 (0.93)	0.0039 (0.46)	0.0048 (0.92)	0.0039 (0.46)

续表

因变量：Inv	模型1 高生态文明建设地区	模型2 低生态文明建设地区	模型3 高生态文明建设地区	模型4 低生态文明建设地区
Listyear	-0.0022*** (-3.56)	-0.0020** (-2.20)	-0.0021*** (-3.33)	-0.0020** (-2.20)
_cons	0.1049 (1.55)	0.0161 (0.16)	0.1018 (1.54)	0.0150 (0.15)
行业	Yes	Yes	Yes	Yes
年份	No	No	No	No
样本数	1784	1424	1784	1424
Adj-R^2	0.08	0.12	0.07	0.12

注：***、**、*分别表示在1%、5%、10%水平上显著，括号内为T值。

从表7-6可知，公众关系连续变量和哑变量，在高生态文明建设地区的模型中均显著为正，表明重污染行业企业良好的公众关系，在严格环境规制的省区市，有助于其获得政府和社会的支持，进行固定资产投资。而公众关系连续变量和哑变量，在低生态文明建设地区的模型中均不显著，但投资机会变量系数却显著为正，表明在环境规制较松的省区市，政府和社会可能更加关注经济增长，重污染行业企业固定资产投资更多地受到经济因素的推动，环境因素和社会声誉的考量较少。

7.3.2 环境规制、公众关系与研发投入研究结果

7.3.2.1 描述性统计

表7-7为主要变量的描述性统计，从表中可知，重污染行业企业的研发强度均值仅为1.52%，依然处于较低的水平，还有部分企业未披露研发支出信息，按零值处理。

表7-7　　　　　　　　　主要变量描述性统计

变量名	样本数	均值	标准差	最小值	中位数	最大值
Rd	3208	0.0152	0.019	0	0.0064	0.0890
Sr	3208	0.0003	0.0008	0	0.0001	0.0056
Size	3208	22.44	1.398	19.7	22.317	26.3297
Lev	3208	0.5062	0.2069	0.062	0.5153	0.9849
Roa	3208	0.0496	0.0951	-0.1889	0.0323	0.4208
Q	3208	1.789	1.679	0.1726	1.2387	8.8365
Cash	3208	0.1442	0.1101	0.0083	0.1132	0.5306
Fix	3205	913577	3441030	125.8	4.13e+05	1.09e+08
Ret	3201	0.1825	0.6878	-0.8693	0.0259	4.3272
Soe	3208	0.6724	0.4694	0	1.0000	1.0000
Listyear	3208	12.92	5.026	1	13.0000	26.0000

表7-8为主要变量的相关系系数表。从表中可知,研发强度与公众关系的相关系数均在1%的水平具有显著性正相关,从侧面验证了本章的研究假设7-2。

表7-8　　　　　　　　　主要变量的相关系数

变量名	Rd	Sr	Size	Lev	Roa	Q	Cash	Fix	Ret
Rd		0.09***	-0.09***	-0.24***	0.15***	0.21***	0.14***	-0.17***	0.08***
Sr	0.06***		-0.00	-0.17***	0.29***	0.15***	0.18***	-0.18***	-0.10***
Size	-0.15***	-0.06***		0.36***	-0.01	-0.61***	-0.23***	0.51***	-0.09***
Lev	-0.27***	-0.18***	0.32***		-0.55***	-0.63***	-0.40***	0.35***	-0.06***
Roa	0.15***	0.23***	0.03	-0.50***		0.46***	0.34***	-0.24***	0.12***
Q	0.26***	0.15***	-0.48***	-0.50***	0.43***		0.38***	-0.52***	0.36***
Cash	0.12***	0.16***	-0.23***	-0.44***	0.39***	0.40***		-0.39***	0.07***
Fix	-0.09***	-0.04**	0.18***	0.09***	-0.04***	-0.12***	-0.11***		-0.04**
Ret	0.02	-0.06***	-0.11***	-0.02	0.10***	0.33***	0.07***	-0.03	

注：左下角为Pearson相关系数，右上角为Spearman秩相关系数。***、**、*分别表示在1%、5%、10%水平上显著，括号内为T值。

7.3.2.2 多元回归分析

表7-9为重污染行业企业公众关系与研发投入的多元回归结果。从表中可知，无论是企业公众关系连续变量还是哑变量，均显著为正，表明公众关系确实能推进重污染行业企业的研发支出，从而验证了本章的研究假设7-2。

表7-9　　　　　　公众关系与研发投入多元回归结果

因变量：RD（缺失值为0）	模型1	模型2	模型3	模型4
Sr	0.9369*** (2.76)	0.4753* (1.79)		
D_Sr			0.0029*** (4.44)	0.0014** (2.05)
Lev		-0.0090*** (-4.55)		-0.0089*** (-4.46)
Roa		0.0050 (1.19)		0.0049 (1.15)
Q		0.0013*** (4.04)		0.0013*** (4.02)
Cash		-0.0010 (-0.32)		-0.0010 (-0.31)
Fix		0.0000 (0.80)		0.0000 (0.98)
Ret		-0.0012* (-1.69)		-0.0011* (-1.66)
Soe		0.0004 (0.48)		0.0004 (0.56)
Listyear		-0.0006*** (-8.69)		-0.0006*** (-8.45)
_cons	0.0166*** (9.58)	0.0059 (0.80)	0.0166*** (9.63)	0.0068 (0.92)

续表

因变量: RD（缺失值为0）	模型1	模型2	模型3	模型4
行业	控制	控制	控制	控制
省份	控制	控制	控制	控制
年度	控制	控制	控制	控制
样本数	3208	3198	3208	3198
Adj-R^2	0.37	0.41	0.38	0.41

注：考虑到部分公司缺少年度股票回报率和固定资产强度的数据，故在表模型2和模型4中的样本数为3198，小于全样本3208。***、**、*分别表示在1%、5%、10%水平上显著，括号内为T值。

为了研究结论的稳健性，本章还进一步对无研究支出信息披露的企业样本不作处理，仅针对已披露研发支出的重污染行业企业，重新进行回归分析，其结果如表7-10所示。

表7-10　公众关系与研发投入（有缺失值）多元回归结果

因变量: Rd（缺失值不处理）	模型1	模型2	模型3	模型4
Sr	0.8884** (2.13)	0.5910* (1.68)		
D-Sr			0.0029*** (3.66)	0.0015* (1.92)
Size		-0.0004 (-0.97)		-0.0005 (-1.12)
Lev		-0.0127*** (-5.09)		0.0126*** (-5.03)
Roa		0.0030 (0.55)		0.0028 (0.51)
Q		0.0013*** (3.36)		0.0013*** (3.34)
Cash		-0.0000 (-0.01)		0.0001 (0.02)

续表

因变量：Rd（缺失值不处理）	模型1	模型2	模型3	模型4
Fix		-0.0000 (-1.11)		-0.0000 (-1.03)
Ret		-0.0012 (-1.37)		-0.0011 (-1.33)
Soe		0.0011 (1.20)		0.0012 (1.31)
Listyear		-0.0007*** (-7.43)		0.0007*** (-7.21)
_cons	0.0105*** (5.02)	0.0276*** (2.83)	0.0106*** (5.05)	0.0290*** (2.95)
行业	控制	控制	控制	控制
省份	控制	控制	控制	控制
年度	控制	控制	控制	控制
样本数	2439	2434	2439	2434
Adj-R^2	0.34	0.39	0.34	0.39

注：***、**、*分别表示在1%、5%、10%水平上显著，括号内为T值。

从表7-10可知，由于未对无研发支出信息披露的重污染行业企业进行处理，回归的样本减少到2434个。尽管如此，我们依然发现，无论是公众关系连续变量还是公众关系哑变量，在所有回归方程中均显著为正，表明在重污染行业企业中，良好的公众关系有助于获得利益相关者的支持，进而推进企业的高风险投资项目——研发活动，进一步验证了本章的研究假设7-2。

7.3.3 作用机理研究

企业公众关系的改善，有助于公司社会声誉的提高，提升其合法性地位，进一步能帮助企业获得来自监管部门和资源提供者的认可和理解。如前所述，无论是重污染行业企业的固定资产投资还是研发投入，均需要外部融资的支持。为此我们认为，重污染行业企业的公众关系，有助于获得来自银行等信贷资本提供者的债务融资，表7-11即对此进行验证。其中模型1的被解释变量为新增借款增长率，以本期现金流量表中取得借款收到的现金，减去偿还债务支付的现金，得出的债务融资净额，并以上期总资产进行平行；模型2中的长期有息债务增长率，以资产负债表中本期与上期相比较的长期借款增加额（如减少则为负，下同），加上应付债券增加额，再加上长期应付款的增加额，计算得出本期长期有息债务增长额，并以上期总资产进行平减。本章还控制了投资机会（Q）、经营活动现金净流量（Cfo）、公司规模（Size）、资产负债率（Lev）、总资产收益率（Roa）、产权性质（Soe）和上市年限（Listyear）等控制变量，并控制了行业、省份和年度等因素。

表7-11　　　　　　　　企业公众关系与债务融资

变量	模型1 新增借款 增长率	模型2 长期有息债务 增长率	模型3 新增借款 增长率	模型4 长期有息债务 增长率
Sr	4.3936* (1.91)	4.2960** (2.04)		
D_Sr			0.0078** (2.01)	0.0053* (1.65)
Q	-0.0018 (-1.26)	-0.0001 (-0.11)	-0.0018 (-1.25)	-0.0001 (-0.09)
Cfo	-0.1119*** (-4.80)	-0.0409** (-2.15)	-0.1108*** (-4.75)	-0.0402** (-2.12)
Size	-0.0009 (-0.47)	0.0016 (1.07)	-0.0009 (-0.47)	0.0018 (1.20)
Lev	-0.0091 (-0.84)	-0.0118 (-1.29)	-0.0087 (-0.81)	-0.0119 (-1.30)

续表

变量	模型1 新增借款增长率	模型2 长期有息债务增长率	模型3 新增借款增长率	模型4 长期有息债务增长率
Roa	0.1310*** (4.81)	0.0675*** (3.28)	0.1314*** (4.82)	0.0690*** (3.36)
Soe	0.0082** (2.08)	0.0012 (0.38)	0.0084** (2.13)	0.0012 (0.39)
Listyear	-0.0020*** (-4.78)	-0.0006* (-1.89)	-0.0019*** (-4.62)	-0.0006* (-1.79)
_cons	0.0672 (1.45)	-0.0226 (-0.61)	0.0660 (1.44)	-0.0266 (-0.72)
行业	控制	控制	控制	控制
省份	控制	控制	控制	控制
年度	控制	控制	控制	控制
样本数	3208	3208	3208	3208
Adj-R^2	0.07	0.04	0.07	0.04

注：***、**、*分别表示在1%、5%、10%水平上显著，括号内为T值。

从表7-11可知，无论是企业公众关系的连续变量还是哑变量，在模型中均显著为正，表明重污染行业企业的公众关系确实有助于获得来自外部债权资本提供者的支持，特别是来自金融机构的支持，以支撑其进行固定资产投资和研发投入。

我们还进一步考察重污染行业企业良好的公众关系，是否有助于获得政府的认同与支持。此部分以政府补助作为政府认同和支持的代理变量。政府补助以国泰安数据库中的政府补助金额除以营业收入计算而得。表7-12为公众关系与政府补助的多元回归结果。在模型1中加入了分省人均财政收入（Pfr）变量，以各省份的财政收入除以2010年各省人口统计数表述（单位：万元/人）；在模型2中则以分省份的市场化进程指数表述，数据来源于王小鲁等（2017）的分省份2014年市场化指数；在模型3中则将人均财政收入和市场化指数变量均加入模型。模型4~模型6参照模型1~模型3进行处理。考虑到人均财政收入、市场化指数可能与省份哑变量形成多重共线性，故公众关系与政府补助的回归模型中，均未考虑省份哑变量。

表7-12　　　　　　　　　公众关系与政府补助

被解释变量：Subsidy	模型1	模型2	模型3	模型4	模型5	模型6
Sr	1.2952*** (3.49)	1.2374*** (3.31)	1.2661*** (3.39)			
D-Sr				0.0022*** (3.61)	0.0021*** (3.36)	0.0021*** (3.40)
Pfr	-0.0000 (-0.11)		0.0009 (1.46)	-0.0001 (-0.22)		0.0008 (1.32)
Marketindex		-0.0003* (-1.90)	-0.0005** (-2.15)		-0.0003* (-1.88)	-0.0005** (-2.06)
Salegrowth	-0.0014 (-1.22)	-0.0014 (-1.25)	-0.0014 (-1.22)	-0.0015 (-1.29)	-0.0015 (-1.32)	-0.0015 (-1.30)
Cfo	0.0004 (0.09)	0.0007 (0.17)	0.0008 (0.18)	0.0007 (0.16)	0.0010 (0.24)	0.0010 (0.24)
Size	-0.0018*** (-5.91)	-0.0017*** (-5.62)	-0.0017*** (-5.78)	-0.0018*** (-5.98)	-0.0017*** (-5.68)	-0.0017*** (-5.84)
Lev	0.0113*** (5.05)	0.0106*** (4.61)	0.0108*** (4.72)	0.0114*** (5.08)	0.0108*** (4.65)	0.0109*** (4.75)
Roa	-0.0172*** (-3.55)	-0.0174*** (-3.61)	-0.0173*** (-3.58)	-0.0168*** (-3.44)	-0.0171*** (-3.50)	-0.0169*** (-3.46)
Soe	-0.0001 (-0.19)	-0.0003 (-0.39)	-0.0003 (-0.39)	-0.0001 (-0.09)	-0.0002 (-0.29)	-0.0002 (-0.29)
listyear	0.0000 (0.06)	-0.0000 (-0.03)	-0.0000 (-0.10)	0.0000 (0.28)	0.0000 (0.18)	0.0000 (0.11)
_cons	0.0381*** (6.23)	0.0384*** (6.77)	0.0417*** (6.69)	0.0378*** (6.24)	0.0383*** (6.77)	0.0412*** (6.67)
行业	控制	控制	控制	控制	控制	控制
年度	控制	控制	控制	控制	控制	控制
样本数	3208	3208	3208	3208	3208	3208
Adj-R^2	0.10	0.11	0.10	0.10	0.10	0.10

注：***、**、*分别表示在1%、5%、10%水平上显著，括号内为T值。

从表 7-12 可知,无论是公众关系连续变量还是哑变量,在所有回归模型中均在 1% 的水平显著为正,表明重污染行业企业的对外捐赠,不仅有助于改善企业与社会的关系,还能进一步获得政府的认同与支持,从而支撑其进行固定资产投资和研发投入。

7.4 研究小结

已有公众关系对企业投资行为的影响研究,主要集中在 FDI 方面,考察跨国公司在对外投资时考虑到的公众关系因素,但较少涉及企业公众关系对本土投资行为的影响。本章的研究,借助企业对外捐赠作为公众关系的代理变量,首次系统地分析了企业公众关系对其本土固定资产投资和研发投入的影响,并探寻其中的影响机理,拓宽了利益相关者关系研究的范畴。事实上,随着国家经济发展战略的转型、环境规制的加强和社会公众对环保问题的重视,重污染行业企业面临着越来越多的公众关系问题,直接包括其固定资产投资和研发投入等投资行为。因此本章研究的影响对重污染行业企业的投资管理与公众关系管理有着重要的现实意义。

本章以在 2009~2017 年行业未发生变更的 3028 个公司—年重污染行业企业为总体研究样本,考察在环境规制背景下重污染行业企业的公众关系,是如何影响到企业的固定资产投资和研发投入。研究发现,重污染行业企业的公众关系在整体上能推进企业的固定资产投资强度,究其原因在于良好的公众关系有助于企业获得外部利益相关者的支持,特别是对于受政策管制非常严格的重污染行业企业而言尤为如此。但是这种良好的公众关系对固定资产投资的推动效应,仅存在于重污染行业企业自身环境业绩良好的情况,也就是说,企业在受到环保监管处罚后,难以通过公众关系的提升实现固定资产投资的审批立项。此外,良好的公众关系对固定资产的推动效应,亦存在于高生态文明建设地区，而在低生态文明建设地区无效。这表明在高生态文明建设地区，相关政府部门对重污染行业企业固定资产的投资更加注重外部利益相关者的态度。

进一步，本章还发现在环境规制背景下，公众关系对重污染行业企业研发投入存在着推进效应，表明公众关系在获取外部利益相关者资源、风险分担和信息知识共享方面有重要意义，从而推进了重污染行业企业在研发投入这类高风险项目的决策行为，有助于我国环境规制目标的实现。

此外，本章还在公众关系对推进重污染行业企业固定资产投资与研发投入的作用机理上进行了研究。考虑到重污染行业的固定资产投资需要来自政府相关部门的立项审批和环评公示，研发投入又具有较之其他行业更高的风险性，本章重点考察重污染行业企业良好的公众关系是否能影响到金融机构和政府相关部门的行为。研究发现，良好的公众关系确实有助于重污染行业企业获得更多的新增银行借款和长期有息债务，并得到更多的政府补助。上述研究进一步证实了重污染行业企业的公众关系，不仅影响到社会公众，还对银行金融机构和相关政府部分的决策行为产生了影响。

环境规制、企业
外部关系构建与
投资行为研究

Chapter 8

第8章　研究结论与政策建议

第 8 章　研究结论与政策建议

8.1　研究结论

本书紧密结合我国的绿色借贷、绿色证券、淘汰落后产能和主要污染物总量控制等环境规制政策，通过环境规制背景研究与文献分析，梳理出环境规制对企业投资的影响因素，进而以资源依赖理论为基础，研究环境规制背景下的政府关系、银行关系与社会公众关系等企业主要外部关系，对重污染行业企业投资行为的影响。研究问题包括：（1）环境规制如何影响企业的投资机会与投资行为；（2）环境规制对企业外部利益相关者关系的构建及影响；（3）环境规制与企业外部关系的交互作用，又是如何影响到企业的投资行为。本书的主要研究成果和创新之处体现在如下几个方面：

（1）我国的环境规制整体上显著影响到重污染行业企业的污染治理行为和风险管理。无论是从行业的污染治理费用强度上升趋势，还是从主要污染物排放强度的下降趋势，我们均发现工业行业中的重污染行业受到环境规制政策显著的影响，且部分非重污染行业亦受到一定程度的冲击，表明我国的环境规制政策是富有成效的；此外，重污染行业中披露环保风险公司占比从 2012 年的 10% 上升到 2017 年的 21%，表明重污染行业企业对环保风险意识的加强，亦表明随着我国的环境规制呈现日趋严格的趋势，环境规制政策确实影响到了重污染行业企业的风险管理，进而将对公司的各项投资战略和财务战略产生深远的影响。进一步的研究发现，在披露环保风险的公司中，主要的应对策略为加强环保管理、环保投入、技术创新与工艺升级。此外，发展循环经济与清洁生产、产业产品结构调整与转型升级亦为部分公司所采纳。考虑到环保投入、工艺升级、循环经济与清洁生产、产业产品结构调整与转型升级等均可能涉及固定资产投资，而技术创新与工艺升级、循环经济与清洁生产、产业产品结构调整与转型升级等均可能涉及研发投入。因此，我国严格的环境规制从公司风险管理的角度已显著影响到重污染行业企业的固定资产投资和研发投入。

（2）我国的环境规制整体使重污染行业的固定资产投资增长率显著低于非重污染行业增长率，而研发投入增长率则显著高于非重污染行业。具体而言，环境规制对初级能源、原材料和基础化工等重污染行业的固定资产投资强度有较强的抑制性，而对与人们日常生活紧密联系的产品的重污染行业影响有限。但环境规制几乎对所有重污染行业的研发强度均起到推进作用。

（3）我国的环境规制整体上使重污染行业相关公司更加注重外部关系构建。无论是企业的政府关系、银行关系还是公众关系，重污染行业相关公司在上述关系构建占比方面均显著高于非重污染行业企业。根据资源依赖理论，由于重污染行业企业在生产经营和投融资方面受到的环境规制政策约束远高于非重污染行业企业，因此可推算重污染行业企业更加注重政府关系、银行关系和公众关系的构建与管理，以获得主要利益相关者在环境监管、融资与合法性等方面的认同与支持。

（4）企业政府关系整体上有助于提高受环境规制严格的企业的投资效率、抑制其投资过度行为，且这种效应主要存在于重污染行业企业和"十一五"期间及以后时间段。此外，国有企业的政府关系则受到环境规制政治目标的约束，使政府关系对受环境规制严格的国有企业，在投资过度方面有显著抑制作用，而对非国有企业则没有显著影响，但无论是国有还是非国有企业，政府关系均有助于减少企业的投资不足程度。进一步的研究还发现，重污染行业企业的政府关系对研发创新具有推动作用，包括提高了研发支出和研发效果，且在环境规制越严格的行业，企业政府关系对研发创新资源配置的推动作用越大。

（5）《绿色信贷指引》政策实施后，企业银行关系不再推动重污染行业企业的固定资产投资强度。而在此之前，重污染行业企业的银行关系促进了企业基于投资机会的固定资产投资强度。此外，在《绿色信贷指引》出台前后，银行关系对重污染行业企业研发投入强度的整体影响由不显著性变为正向显著性，且这种变化效应在非国有企业尤为显著；而在国有企业中，银行关系的研发投入负面抑制效应在《绿色信贷指引》政策出台后得以消失。这表明在我国绿色信贷政策影响下，银行关系推进了重污染行业企业的研发投入，提升了银行关系带来的银行正面监管效果，抑制了其负面代理问题，促进了信贷资金的政策配置效率和服务于国家经济战略的政策导向。

（6）重污染行业企业的公众关系在整体上能推进企业的固定资产投资强度。但这种良好的公众关系对固定资产投资的推动效应仅存在于重污染行业企业自身环境业绩良好的情况，亦存在于公司所在地为高生态文明建设地区，而在低生态文明建设地区无效。进一步的研究还发现，在环境规制背景下，公众关系对重污染行业企业研发投入存在着推进效应，表明公众关系在获取外部利益相关者资源、风险分担和信息知识共享方面有重要意义，从而推进了重污染行业企业在研发投入这类高风险项目的决策行为，有助于我国环境规制目标的实现。

8.2 政策建议

根据前述研究，结合我国环境规制目标以及国家经济战略转型发展的需要，特别是创新驱动发展战略目标的定位，本书给出以下政策建议：

（1）尽管企业的外部关系构建，特别是与外部主要利益相关者关系的构建，有助于其获得外部资源优势、实现风险分担机制和信息知识传递效应，更能提高其合法性社会地位，保障其可持续发展战略。但是已有的文献研究发现，企业外部关系亦可能产生负面的影响，包括负外部性。因此，如何监管企业特别是重污染行业企业的外部关系构建行为，引导此类关系走向符合国家战略发展目标的方面，并构建平等、充分竞争的营商环境，值得相关监管机构的重视，以避免企业外部关系构建的负面经济社会后果。

（2）尽管现有的环境规制政策，对重污染行业企业的研发投入增长率产生显著性的推进作用，但重污染行业整体的研发强度依然处于较低水平，且远低于非重污染行业的研发强度。此情况说明我国的环境规制政策主要采用"命令—控制"型工具，而较少使用"市场激励"型工具。事实上，在环境规制政策日趋严格的背景下，我国重污染行业企业的发展更需要创新驱动，而无论是绿色信贷政策、污染物总量控制政策还是淘汰落后产能政策，均较少涉及科技创新的具体市场激励。考虑到"大气十条""水十条"和"土壤十条"政策对环保技术创新的要求，建议相关监管机构和资本市场监管方出台更多针对重污染行业的创新激励市场化政策，引导重污染行业企业的转型升级发展。

（3）构建企业与社会在创新驱动方面的风险分担与利益共享机制。对于重污染行业企业而言，其外部关系构建的重要驱动力之一在于风险规避，特别是对其"合法性"地位的认定。而创新驱动的国家发展战略要求重污染行业企业将更多的资源配置到研发创新的高风险项目中，为此应为符合国家战略发展要求的企业构建在创新驱动方面的风险分担机制，并由此衍生出利益共享机制，以实现企业与社会在创新驱动方面的双赢，亦是实现环境规制的"波特假说"。如在多渠道多层次资本资源配置、绿色保险、产业基金以及相关政策方面由实施政策兜底，建立完善的风险分担机制，推进重污染行业企业的创新驱动，实现全社会的绿色福利。

附录

2017 年部分上市公司年报中的环保风险披露与应对策略

2017 年部分上市公司年报中的环保风险披露与应对策略

公司名	湖北双环科技股份有限公司
环保风险披露	作为化工企业，节能减排任务比较重，随着绿色低碳、节能减排力度日益加强，环保标准也会更加严格
应对策略	公司会继续加大对环保方面投入，加强公司全体员工环保意识，加强规章制度建立和执行，加强对环保工作考核。同时通过技术创新和工艺升级，努力减少"三废"排放量，同时大力发展循环经济，积极开展资源综合利用，变废为宝，提高企业效益
公司名	广东韶钢松山股份有限公司
环保风险披露	环保排放标准日趋严格，政府监管和社会要求日趋加强，新环境税法2018 年 1 月 1 日实施，公司在环保方面的投资及运营成本将大幅提升，环保压力持续加大
应对策略	公司将继续加大环保项目投入，仍将对重点工序的环保设施进行改造升级，实现污染物稳定达标排放，化解环保风险，驱动绿色发展
公司名	中冶美利云产业投资股份有限公司
环保风险披露	环保要求及产业准入政策对造纸行业日趋严格，导致公司环保方面的资本投入加大，环保运营成本上升
应对策略	调整公司原料结构、产品结构，提升节能减排和环境保护力度，满足公司可持续发展的需要
公司名	浙江交通科技股份有限公司
环保风险披露	随着国家对环保要求的不断提高，公司主业之一化工业的环保压力逐步增大
应对策略	今后公司将根据国家相关要求加大环保投入

续表

公司名	陕西兴化化学股份有限公司
环保风险披露	合成氨、甲醇、甲胺的生产过程中主要涉及废水、废气和固体废弃物排放。针对污染物，兴化化工已制定、执行相应的环保措施，其主要风险因素包括：硫化氢、液氨和甲醇输送管线泄漏事故，液氨、甲醇和甲胺的贮罐泄漏事故，以及火灾、保障事故、交通运输事故等引起的环保风险。因此，兴化化工若出现环保事故，可能会对公司的正常生产经营以及业绩带来一定影响
应对策略	未披露
公司名	福建三钢闽光股份有限公司
环保风险披露	中央经济工作会议已经把污染防治作为今后三年决胜全面建成小康社会的三大攻坚战之一。2018年环保进程将得到继续深化，国家对钢铁行业节能减排要求更加严格，环保治理将保持高压态势，钢铁企业环保管理压力增强，减排成本、环境治理及运行成本将继续提高；2018年1月1日起《环境保护税法》正式施行，钢铁企业新增缴纳环境保护税，对经营业绩造成一定的影响
应对策略	公司坚持绿色生产理念，高度重视环保工作，积极实施绿色改造升级，持续加大环保投入，提升环保装备水平；加强能源管理和节能降耗工作，加大烟气高效净化处理、废弃物综合利用，大力开展综合整治和推行清洁生产，降低吨钢综合能耗和有害废弃物排放量，确保污染物排放全面达标
公司名	湖南黄金股份有限公司
环保风险披露	随着国家对环保要求不断提高，有关安全环保的法律法规趋严，《中华人民共和国环境保护税法》于2018年1月1日正式实施，公司环保治理成本和投入不断增加
应对策略	按照国家的要求，加强环境风险管理，持续推进技术进步，进一步提高环保与节能减排降耗的技术水平，大力推进节能设备的应用，通过精细化操作提高单位能耗利用效率，加强废水治理，严格控制污染物的排放，杜绝环保事故的发生
公司名	山东恒邦冶炼股份有限公司
环保风险披露	黄金生产主要是采矿、选矿和冶炼过程，伴随着大量废弃物，需按国家产业政策和环保政策进行有效治理。如果国家提高环保标准或出台更加严格的环保政策，公司的经营成本将面临进一步上升的风险
应对策略	未披露

附录 2017年部分上市公司年报中的环保风险披露与应对策略

续表

公司名	联化科技股份有限公司
环保风险披露	公司属于精细化工行业，国家的环保法律法规对本行业制定了较高的环境污染治理标准，同时本公司大客户均系该行业巨头，也对公司的环境污染治理提出了较严格的要求。随着整个社会环保意识的增强、国家经济增长方式的转变和可持续发展战略的全面实施，新《环境保护法》等越来越严格的环保法律法规的颁布实施，企业执行的环保标准也将更高更严格，这不但将增加本公司在环保设施、排放治理等方面的支出，同时还可能因为未能及时满足环保新标准而受到相关部门处罚，从而对经营业绩产生一定程度的不利影响
应对策略	公司高度重视污染治理和环境保护工作，自成立以来一直严格按照国家环保法律法规、环保标准等处理生产过程中产生的三废，并采取积极的环境保护措施，通过源头工艺设计、加强回收、综合利用、推行清洁生产，减少污染物的产生和排放。污染治理和环境保护已成为公司核心竞争力的重要组成部分
公司名	利尔化学股份有限公司
环保风险披露	公司主要从事化学农药原药及制剂的生产，生产过程中会产生一定量的废水、废气、废渣。随着国家对环境保护的日益重视，新《环保法》《环保税法》等越来越严格的环保法律法规的颁布实施，企业执行的环保标准也将更高更严格，这将增加公司在环保设施、三废治理等方面的支出，从而对公司的收益水平造成一定的影响
应对策略	公司高度重视环保工作，具有完善的环保设施和管理制度，近几年来，公司环保投入总额累计达到4亿元以上，现有"三废"排放符合国家标准，公司还将进一步促进减排，从工艺本质上进行改进，并持续提升环保治理的水平
公司名	江苏恩华药业股份有限公司
环保风险披露	本公司产品在生产过程中会产生废水、粉尘等污染性排放物，如果处理不当会污染环境，给人民的生活带来不良后果。国家环保政策的变化及新项目的实施将在一定程度上加大公司的环保风险
应对策略	未披露
公司名	江苏长青农化股份有限公司
环保风险披露	随着国家经济增长模式的转变及新《环境保护法》的实施，国家对环保要求越来越严格，同时对企业执行环保法规的监管力度也在加大。相应地，国家各级环保部门对农药行业的环保要求也在不断提高。本公司主要从事农药原药及制剂的生产，生产过程中会产生一定量的废水、废气、废渣。公司长期以来十分重视环境保护工作，不断加大环保方面的投入，三废排放符合国家标准，但公司环保设施的运营成本和折旧费用也会相应提高，这对公司的收益水平也会造成一定的不利影响
应对策略	未披露

续表

公司名	苏州天马精细化学品股份有限公司
环保风险披露	公司精细化工业务领域涵盖造纸化学品行业、保健品、食品添加剂等行业，尽管公司配备有较完备的安全设施，制定了较为完善的事故预警、处理机制，整个生产过程处于受控状态，发生安全事故的可能性很小，但也不排除因生产操作不当或设备故障等其他因素，导致事故发生的可能，从而影响公司生产经营的正常进行
应对策略	未披露
公司名	安徽安利材料科技股份有限公司
环保风险披露	由于公司产品的原材料中化工原料占有较大的比例（化工原料成本占总成本比为50%左右），因此，生产过程中需要实施适当的环保措施，如果环保措施不当，公司仍将面临生产过程和产品环保不达标的风险。此外，随着社会对环保的重视程度逐步增加，国家有关环保的法律法规将更加严格，同时公司主要客户均为国内外知名企业，对公司产品生态环保性能和企业环境治理要求较为严格
应对策略	为此，公司可能需要持续增加相应的环保投入，这在一定程度上可能会增加公司的经营成本
公司名	上海电力股份有限公司
环保风险披露	随着国家环保标准的提高，未来将对公司所属电厂的环保改造和投运提出更高要求，火电厂因违反环保法律法规而受到行政处罚或其他惩罚性措施的风险不断加大
应对策略	公司将通过先行先试，增加环保设施技术改造投入，实现污染物排放达标，降低环保风险
公司名	杭州钢铁股份有限公司
环保风险披露	自新《环境保护法》实施以来，法律法规和各级政府对于环境保护的要求日益提高，环保部门严格执法成为新常态。公司虽然向来重视环境保护工作，在环保方面投入巨大，具备较为完善的环保内控制度和环保处理设施，但公司面临的环保压力仍然存在
应对策略	公司将坚定不移贯彻绿色发展理念，积极倡导绿色制造、清洁生产。全力以赴推进环境提升行动计划，狠抓环保技改项目建设，加强环保设施运维管理，不断提升大气防治水平，持续推进生产废水"零排放"、提高水资源利用效率，确保各类污染物稳定达标排放
公司名	永泰能源股份有限公司
环保风险披露	公司所属电力企业发电机组的投产运营均已取得国家环保监管部门环境保护竣工验收批文，运营的燃煤机组均已完成脱硫、脱硝及除尘改造工作；所属各煤炭生产企业均严格执行煤矿企业兼并重组政策对环保标准作出的规定。但随着国家对环境保护和节能减排的力度逐年加大，对环保标准日趋提高，以及近年来把大气污染和水污染作为治理重点，未来可能需要公司在环保方面加大投入

附录 2017年部分上市公司年报中的环保风险披露与应对策略

续表

应对策略	公司将严格执行国家和地方各项环保政策，积极履行社会责任，切实抓好环保达标工作。按照"分级负责、归口管理"的要求，完善环保主体和业务监管责任制度，强力推行环保问题问责制，加强环保设施设备运行监管，确保环保投入，实现污染物达标排放。公司将认真做好项目开发、建设和生产运行全过程的环境保护和监管工作，不断提高全员节能环保意识，切实加强对生态环境的保护
公司名	联美量子股份有限公司
环保风险披露	环保的投入和运营是供暖企业生产的重要组成部分，公司目前的环保设备及运营完全符合国家标准及排放要求，但国家对环保的要求标准逐步提高。环保标准的提高将增加公司环保投入和运营的压力，增加生产成本
应对策略	未披露
公司名	山东南山铝业股份有限公司
环保风险披露	公司铝产业链中，在生产氧化铝过程中，主要的污染物是二氧化硫、赤泥、尾矿液等废气、废物及废水；在生产原铝过程中，烟气中含有氟化物、沥青烟和粉尘等污染物；在生产铝加工产品和锻件产品过程中污染排放相对较轻。若不采取相应的净化处理或环保措施不达标，将会对生产及生态环境造成污染。目前，公司各环节环保措施均符合国家标准要求，但是，随着生态环境的持续恶化，公众环保意识的不断提升，国家出台更为严格的环保政策，或将使公司现有的环保设备和环保措施无法满足更严格的要求，公司可能面临需增加环保投入的风险
应对策略	未披露
公司名	浙江瀚叶股份有限公司
环保风险披露	公司全资子公司拜克生物属于化工生产企业，部分原料、半成品或产成品为易燃、腐蚀性或有毒物质，在生产过程中还会产生一定量的废水、废气排放物。同时由于化工企业固有的特性，如高温高压的工艺过程，连续不间断的作业，公司在生产作业环节存在一定的安全风险。《国家环境保护"十二五"规划》中明确提出"十二五"期间，要加强综合治理，明显改善生态环境质量。2015年，新《环境保护法》正式实施，《水污染防治行动计划》、新《大气污染防治法》等环保政策陆续公布，对化工行业提出了更高的要求，污染物排放等指标考核更加严格，国家对环保整治力度进一步加大。公司生产过程中产生的废水、废气等污染物经处理后严格执行国家和当地排放标准，但国家对环保治理的要求不断提高，将增加公司环保治理成本
应对策略	面对上述风险，公司将通过逐步调整产品结构、优化生产工艺、源头污染减排、加强精细化管理、提升环保治理水平等措施积极落实环保政策，以适应新的环保治理要求

续表

公司名	沧州大化股份有限公司
环保风险披露	公司生产过程中会产生一定量的废水、废气和废渣等污染物。长期以来，公司采取积极的环保措施，高度重视在环保项目方面的投入和实施，目前公司的各类污染物通过处理后达标排放，符合政府目前有关环保法律法规的要求。但是随着整个社会环境保护意识的不断增强，国家会颁布更为严格的环保法律法规和标准，从而加大公司经营成本
应对策略	为适应日益严峻的环保形势，今后公司将进一步增加在环保方面的投入，致力于更为完善的环保设施及监测管理系统建设，以满足日趋严格的环保法律、法规和规定的要求
公司名	广晟有色金属股份有限公司
环保风险披露	2017年国家加大环境保护力度，环保督察卓有成效，未来随着全国各地推进"绿水青山就是金山银山"生态文明建设，企业环保压力加大。这对公司安全生产及环保工作提出了更高的要求
应对策略	公司一直重视安全生产和环保工作，将继续加强安全生产和环保工作的管理，加大各项安全和环保投入，并不断对生产工艺流程进行升级改造，以适应新的安全环保要求
公司名	浙江龙盛集团股份有限公司
环保风险披露	公司主营的染料、中间体、减水剂以及无机化工业务存在环保要求提高的风险。随着我国经济增长模式的转变和可持续发展战略的全面实施，新的环保法规的出台，环保标准趋严，公司环保治理方面的费用支出将增加，成本的上升将影响公司的盈利
应对策略	为此，公司在未来几年内，将继续加大对环保的投入，化风险为机会：一方面，继续发展循环经济、推广清洁生产，进一步优化产品链，提高厂区资源循环利用水平；另一方面，开发环保型、低能耗、高品位、高附加值产品，同时加大环保技术改造和环保管理力度，推动并最终实现"零排放"，构建环境友好型企业
公司名	江苏三房巷实业股份有限公司
环保风险披露	随着大众的环保意识逐步加强，国家对环保问题的日益重视，新环保法的实施提高了更加严格的环保标准、执行了更严厉的惩罚措施。公司主营业务纺织印染及子公司新源公司热电联产在生产过程中会产生一定数量的"三废"。虽然公司历来重视三废的处理以及环境的保护，但对于偶发因素造成的"三废"的排放若处理不当，可能会对环境造成一定的污染，从而给公司的正常生产经营带来影响

附录 2017年部分上市公司年报中的环保风险披露与应对策略

续表

应对策略	公司始终重视履行环境保护的社会责任,坚持可持续发展理念,印染车间的印染废水经预处理后接入专业的污水处理公司进行处理,达标后排放,新源公司的废气污染物经脱硫脱硝除尘后在污染物排放标准范围内排放
公司名	健康元药业集团股份有限公司
环保风险披露	近年来随着环保政策法规的不断出台,环保标准日益提高,国家对污染物等管控力度不断加大,本公司环保风险日益加大
应对策略	本公司将严格按照环保规定进行处理后达标排放,积极接受各级环保部门的监督及检查,并且通过提高生产工艺、及时更新环保技术达到尽可能地减少排放,加大环保支出
公司名	南通江山农药化工股份有限公司
环保风险披露	农药化工产品的生产过程中会产生一定数量的废水、废气、废渣,如果处置不当,可能出现环保事故
应对策略	公司将严格遵守国家环保政策的有关规定,继续加大环保投入,做好环保技术储备与升级,加强环保基础工作,强化源头治理,层层落实环保主体责任,进一步巩固提高环保技术管理优势,降低环保风险
公司名	上海现代制药股份有限公司
环保风险披露	2015年1月1日起,新《环境保护法》全面实施;2016年年末出台的《"十三五"生态环境保护规划》,要求原料药制造业推进行业达标排放改造;2017年8月,环保部、发改委、工信部、公安部等10部委,北京、河北、山东等6省(市)政府联合下发《京津冀及周边地区2017—2018年秋冬季大气污染综合治理攻坚行动方案》,要求"涉及原料药生产的医药企业涉VOCs排放工序,在采暖季原则上实施停产,由于民生等需求存在特殊情况确需生产的,应报省级人民政府批准";2018年1月1日,《环境保护税法》正式实施,将环保费改为环保税。以上法规的实施,均体现了国家加强环境保护、建设美丽中国的决心。因此,制药企业面临环保压力加大、环保工作难度提升和环保费用支出增加等风险
应对策略	提升环境保护及节能减排意识,开展清洁生产达标认证工作,设定具体节能减排指标,通过节能减排取得良好的环境回报;改进生产工艺,降低能耗,减少"三废"产生,细化回收程序,杜绝有毒有害副产物的排放;完善绩效考核体系,强化合规经营责任制
公司名	中金黄金股份有限公司
环保风险披露	在污染防治方面,未来环境保护、生态文明建设、美丽中国建设、国家公园制度出台的频度和监管执法的力度将会前所未有,矿业权退出自然保护区、危险废物环保税的征收、氰化物更加严格的管理等,这些对矿业项目建设及生产运营的影响将会越来越大,公司的安全环保投入将继续加大

续表

应对策略	公司毫不动摇推进安全生产绿色发展，实现安全质量迈上新台阶。一要从战略的高度认识安全生产绿色发展的重要意义，践行矿业安全发展、绿色发展；二要认真履行主体责任，各负其责，确保公司安全环保健康目标的实现，新建矿山要全部达到绿色矿山建设要求，现有生产矿山要加快改造升级；三要以严的要求、实的作风抓好安全环保健康工作，让员工牢牢掌握岗位安全基本要求，增强员工岗位安全技能，强化安全生产"三基"工作
公司名	云南驰宏锌锗股份有限公司
环保风险披露	公司作为资源型企业，下属主体矿山、冶炼生产企业均为国家重点环保监控企业，绿色发展既是公司转型升级发展的必由之路，也是企业长治久安的根本保障。习近平总书记在党的十九大报告中将建设生态文明提升为"中华民族永续发展的千年大计"，提出要"提高污染排放标准，强化排污者责任，健全环保信用评价、信息强制披露、严惩重罚等制度"。并将"绿水青山就是金山银山的意识""实行最严格的生态环境保护制度"等内容写入新修改的党章，环保工作面临着前所未有的压力和挑战
应对策略	公司将通过强化目标责任管理，严抓污染防治和生态保护、严守达标排放底线和生态保护红线，持续加强环境信息公开等措施提升公司环保专业化管理水平
公司名	安阳钢铁股份有限公司
环保风险披露	国家对环保和节能减排的要求日益严格，环保部门持续加大力度，各级环保督查组形成立体的巡察督导网络，公司仍面临一定的环保压力
应对策略	公司将以降低能源消耗、实现达标排放为目标，全面实施节能减排升级改造工程，进一步提升环保设施运行质量，实现公司绿色发展和生态转型
公司名	浙江新安化工集团股份有限公司
环保风险披露	公司属于化工生产企业，部分原料、半成品或产成品为易燃、易爆、腐蚀性或有毒物质，在生产过程中还会产生一定量的废水、废弃排放物。同时由于化工企业固有的特性，如高温高压的工艺过程，连续不间断的作业，部分原材料的不稳定性，公司在生产作业环节及运输过程存在一定的安全风险
应对策略	公司重视安全环保风险，不断加强环境制度管理、规范生产操作规程，提高干部员工环境保护意识、自觉承担节能减排义务，积极推进 SHE 管理模式，坚持"生态、健康、可持续"的发展理念，坚持走资源节约型、环境友好型的发展道路

附录 2017年部分上市公司年报中的环保风险披露与应对策略

续表

公司名	阳煤化工股份有限公司
环保风险披露	公司所处的煤化工行业属于高耗能、高污染、高耗水的产业，如在生产过程中不能有效对废水、废气、废渣（含危险废物）和噪声等污染物进行处理并达到有关环保政策和标准的规定，则公司可能会受到环保部门的行政处罚。同时，随着我国政府对环境保护的日益重视和可持续发展战略的实施，国家和地方各级环保部门可能制定或颁布更为严格的环保标准，届时公司可能会加大在环保方面的技术和资金投入，将导致公司经营成本的提高，从而对公司经营业绩产生不利影响
应对策略	公司将牢固树立绿色发展的理念，坚持"依法治污、精准治污、规范治污"的原则，以排污许可证"一证式"管理为指引，完善环保基础管理，强化污染源头治理、过程控制，不断增强企业的生存能力和可持续发展能力
公司名	山东鲁北化工股份有限公司
环保风险披露	公司属化工行业，具有腐蚀、有毒、粉尘的生产特点。如果在生产、经营过程管理控制不当或不可抗力等因素，易发生安全、环保事故，给公司财产、员工人身安全和周边环境带来严重不利影响
应对策略	继续贯彻"安全第一、预防为主、综合治理"的方针，不断加强对安全生产的综合管理和监督检查，狠抓安全生产责任制、安全宣传教育、落实安全责任追究、事故隐患排查整改等各项工作。加强危险源、环保因子的识别与控制，全面加强现场管理，提升装置本质安全水平，建立健全事故预案、应急处理机制，加强员工队伍建设，提升职业素养和责任意识，科学管理、严格管理，实行从项目建设到生产销售的全过程风险控制
公司名	山西通宝能源股份有限公司
环保风险披露	为全面实现《大气污染防治行动计划》目标，国家对环境保护工作提出了更高的要求，在《京津冀及周边地区落实大气污染防治行动计划实施细则》和《京津冀大气污染防治强化措施（2016~2017年）》基础上，为了进一步加大大气污染传输通道治理力度，山西省配套出台了《山西省大气污染防治2017年行动计划》，山西省环保厅下发了《关于印发煤场扬尘污染防治技术规范的通知》（晋环评函〔2017〕102号）及《阳泉市大气污染防治2017年行动实施方案》等相关文件要求，这些重大举措对发电企业提出了更加严格的环保要求，对公司大气污染治理要求日趋严格
应对策略	公司持续加大对老旧储灰场、储煤场和渣场的抑尘措施的改造，环保投入进一步加大

续表

公司名	山东鲁抗医药股份有限公司
环保风险披露	2017年成为环保政策的爆发年。"十三五"规划、环保税、垃圾分类、蓝天保卫战、生态保护红线、PPP模式等各项政策不断推进,各领域的环保工作不断深入,我国环境管理工作开始从以控制环境污染为目标导向,向以改善环境质量为目标导向转变,各地环保部门也加大了对医药企业环保的监管力度,使公司面临环保风险
应对策略	公司通过对环保政策的正确解读和提前预判,"退城进园"新园区环保治理项目前瞻性地高于标准建设,利用先进的环保技术,至少做到5年内不落后,确保新园区的项目可以如期投产对老厂区在产车间的环保治理设施,尤其是废气治理设施按照新标准进行提标改造,对于发酵过程中产生的异味问题,要通过管理手段、技术手段进行治理和管控,取得较好的成效
公司名	新奥生态控股股份有限公司
环保风险披露	公司在生产过程中会产生废水、废渣和废气等污染物,将对周围环境造成不同程度的影响。国内环境治理要求不断提高,国家相关部门对生产型企业的环保要求不断提升,对环保违法违规企业的惩治力度加大,公司未来环保治理成本可能会增加
应对策略	自成立以来,公司非常重视生产过程中的环保问题。对于生产过程中存在的废渣、废水和废气,公司一方面通过实施循环经济,发挥协同经济效用,将公司生产过程中产生的多种废弃物加以利用,减少污染物的排放,大幅度降低公司生产对环境的污染。另一方面公司通过技术改造、建造各种环保设施等方式加强"三废"的处理,减少各种废弃物对环境的污染。目前公司的生产工艺、装备及环保情况均严格符合国家规定。若国家进一步提高相关标准,公司可能面临着需要进一步加大设备投入以满足国家标准的风险
公司名	内蒙古蒙电华能热电股份有限公司
环保风险披露	环境保护风险随着国家《环境保护法》重新修订,环保监管更加严格。国家发改委、环保部和能源局印发了《煤电节能减排升级与改造行动计划(2014~2020)年》,进一步提升煤电高效清洁发展水平。同时,随着《2015年中央发电企业煤电节能减排升级改造目标任务》《生态文明体制改革总体议案》的出台和实施,我国将进一步深入推进生态文明建设,节能环保标准进一步提高,公司燃煤机组改造成本将进一步增大
应对策略	今后,公司将进一步优化产业结构、调整布局,加强环保、技术创新。按计划加大现役机组技术改造力度,进一步提高清洁能源和高参数大容量高效火电机组的比例,通过调整结构、升级改造、加强管理等措施,提高节能环保绩效,实现清洁发展

附录 2017 年部分上市公司年报中的环保风险披露与应对策略

续表

公司名	山东博汇纸业股份有限公司
环保风险披露	造纸行业属于污染行业。虽然本公司已对环保进行了大量投入,建成了完善的环保设施,并采取切实有效的措施对污染物进行治理,各项环保指标均优于国家和山东省环保执行标准。但随着国家和山东省环保标准的提高,将使本公司对污染治理的投入进一步增加,提高本公司经营成本,对本公司收益产生一定的不利影响
应对策略	未披露
公司名	赤峰吉隆黄金矿业股份有限公司
环保风险披露	公司在矿产资源开采、选冶过程中伴有可能影响环境的废弃物,如废石、废渣的排放。矿产资源的开采,不仅会产生粉尘及固体废物污染,还可能导致地貌变化、植被破坏、水土流失等现象的发生,进而影响到生态环境的平衡。上述事项的发生可能对公司的业务前景、财务状况及经营业绩造成重大不利影响
应对策略	公司已建立一整套遵守国家环境保护条例、控制污染物排放的环保体系;按照国家规范的标准和管理要求采矿、选矿和冶炼,按照较高的标准制定并严格执行安全生产的相关规章制度。确保开发一片、治理一片、恢复一片,实现废渣无害化、资源化,废水综合利用,创环境友好型企业,并投入大量资金建设环保设施,建立了完善的环保管理与监督体系,以避免因环保安全等问题对公司造成不利影响
公司名	桐昆集团股份有限公司
环保风险披露	公司生产过程中会产生一定量的废水、废气和废渣等污染物。长期以来,公司采取积极的环保措施,高度重视在环保项目方面的投入和实施,目前公司的各类污染物通过处理后达标排放,符合政府目前有关环保法律法规的要求。但是随着整个社会环境保护意识的不断增强,政府可能会颁布更为严格的环保法规,从而加大公司经营成本。公司也可能因管理疏忽、操作不当、不可抗力等因素造成环境污染而受到政府主管部门的行政处罚
应对策略	今后公司将进一步增加在环保方面的投入,致力于更为完善的环保设施及监测管理系统建设,以满足今后可能日趋严格的环保法律、法规和规定的要求

参考文献

[1] 曹亚勇,王建琼,于丽丽.公司社会责任信息披露与投资效率的实证研究[J].管理世界,2012(12):183-185.

[2] 陈诗一.节能减排与中国工业的双赢发展:2009~2049[J].经济研究,2010(3):129-143.

[3] 陈运森,朱松.政治关系、制度环境与上市公司资本投资[J].财经研究,2009(12):27-39.

[4] 程新生,谭有超,刘建梅.非财务信息、外部融资与投资效率——基于外部制度约束的研究[J].管理世界,2012(7):137-150.

[5] 戴亦一,潘越,冯舒.中国企业的慈善捐赠是一种"政治献金"吗?——来自市委书记更替的证据[J].经济研究,2014(2):74-86.

[6] 党力,杨瑞龙,杨继东.反腐败与企业创新:基于政治关联的解释[J].中国工业经济,2015(7):146-160.

[7] 杜兴强,曾泉,杜颖洁.政治联系对中国上市公司的R&D投资具有"挤出"效应吗?[J].投资研究,2012(5):98-113.

[8] 傅超,吉利.诉讼风险与公司慈善捐赠——基于"声誉保险"视角的解释[J].南开管理评论,2017,20(2):108-121.

[9] 傅京燕,李丽莎.FDI、环境规制与污染避难所效应——基于中国省级数据的经验分析[J].公共管理学报,2010(3):65-74.

[10] 高海涛,田志龙. 我国企业非市场行为影响因素的实证研究 [J]. 中国工业经济,2007 (5):104-112.

[11] 高勇强,陈亚静,张云均."红领巾"还是"绿领巾":民营企业慈善捐赠动机研究 [J]. 管理世界,2012 (8):106-114+146.

[12] 耿强,孙成浩,傅坦. 环境管制程度对FDI区位选择影响的实证分析 [J]. 南方经济,2010 (6):39-50.

[13] 郭田勇,李贤文. 关系型借贷与中小企业融资的实证分析 [J]. 金融论坛,2006 (4):49-53.

[14] 贺小刚,张远飞,连燕玲,吕斐斐. 政治关联与企业价值——民营企业与国有企业的比较分析 [J]. 中国工业经济,2013 (1):103-115.

[15] 胡国柳,周遂. 政治关联、过度自信与非效率投资 [J]. 财经理论与实践,2012 (6):37-42.

[16] 江雅雯,黄燕,徐雯. 市场化程度视角下的民营企业政治关联与研发 [J]. 科研管理,2012 (10):48-55.

[17] 解维敏,唐清泉,陆姗姗. 政府R&D资助,企业R&D支出与企业自主创新 [J]. 金融研究,2009 (6):86-99.

[18] 康志勇. 融资约束、政府支持与中国本土企业研发投入 [J]. 南开管理评论,2013 (5):61-70.

[19] 兰秀文,张玲. 股权制衡、研发投入与企业绩效——来自创业板经验数据 [J]. 财经理论研究,2017 (2):77-85.

[20] 李晓玲,侯啸天,葛长付. 慈善捐赠是真善还是伪善:基于企业违规的视角 [J]. 上海财经大学学报,2017,19 (4):66-78.

[21] 连军,刘星,连翠珍. 民营企业政治联系的背后:扶持之手与掠夺之手——基于资本投资视角的经验研究 [J]. 财经研究,2011 (6):133-144.

[22] 梁莱歆, 冯延超. 政治关联与企业过度投资——来自中国民营上市公司的经验证据 [J]. 经济管理, 2010 (12): 56-62.

[23] 刘慧龙, 张敏, 王亚平, 吴联生. 政治关联、薪酬激励与员工配置效率 [J]. 经济研究, 2010 (9): 109-121.

[24] 刘行, 叶康涛. 企业的避税活动会影响投资效率吗？[J]. 会计研究, 2013 (6): 47-53.

[25] 卢馨, 郑阳飞, 李建明. 融资约束对企业 R&D 投资的影响研究——来自中国高新技术上市公司的经验证据 [J]. 会计研究, 2013 (5): 51-58, 96.

[26] 逯东, 林高, 杨丹. 政府补助、研发支出与市场价值——来自创业板高新技术企业的经验证据 [J]. 投资研究, 2012 (9): 67-81.

[27] 罗党论, 刘晓龙. 政治关系、进入壁垒与企业绩效——来自中国民营上市公司的经验证据 [J]. 管理世界, 2009 (5): 97-106.

[28] 罗党论, 唐清泉. 政治关系、社会资本与政策资源获取：来自中国民营上市公司的经验证据 [J]. 世界经济, 2009 (7): 84-96.

[29] 罗正英, 周中胜, 王志斌. 金融生态环境、银行结构与银企关系的贷款效应——基于中小企业的实证研究 [J]. 金融评论, 2011 (2): 64-81.

[30] 马富萍, 茶娜. 环境规制对技术创新绩效的影响研究——制度环境的调节作用 [J]. 研究与发展管理, 2012 (1): 60-66.

[31] 山立威, 甘犁, 郑涛. 公司捐款与经济动机——汶川地震后中国上市公司捐款的实证研究 [J]. 经济研究, 2008 (11): 51-61.

[32] 沈洪涛, 冯杰. 舆论监督、政府监管与企业环境信息披露 [J]. 会计研究, 2012 (2): 72-78.

[33] 石晓乐, 许年行. 公司财务与政治关联研究进展 [J]. 经济学动态, 2009 (11): 104-109.

[34] 孙晓华,李明珊.研发投资:企业行为,还是行业特征?[J].科学学研究,2014(5):724-734.

[35] 唐清泉,巫岑.银行业结构与企业创新活动的融资约束[J].金融研究,2015(7):116-134.

[36] 唐雪松,周晓苏,马如静.政府干预,GDP增长与地方国企投资过度[J].金融研究,2010(8):33-48.

[37] 谭燕,陈艳艳,谭劲松,张育强.地方上市公司数量、经济影响力与过度投资[J].会计研究,2011(4):43-51.

[38] 田利辉,张伟.政治关联影响我国上市公司长期绩效的三大效应[J].经济研究,2013(11):71-86.

[39] 王兵,刘光天.节能减排与中国绿色经济增长——基于全要素生产率的视角[J].中国工业经济,2015(5):57-69.

[40] 王国印,王动.波特假说、环境规制与企业技术创新——对中东部地区的比较分析[J].中国软科学,2011(1):100-112.

[41] 王建明.环境信息披露、行业差异和外部制度压力相关性研究——来自我国沪市上市公司环境信息披露的经验证据[J].会计研究,2008(6):54-62.

[42] 王善平,李志军.银行持股、投资效率与公司债务融资[J].金融研究,2011(5):184-193.

[43] 王小鲁,樊纲,刘鹏.中国经济增长方式转换和增长可持续性[J].经济研究,2009(1):4-16.

[44] 肖华,张国清.公共压力与公司环境信息披露——基于"松花江事件"的经验研究[J].会计研究,2008(5):15-22.

[45] 谢赤,杨茂勇.企业社会责任对非效率投资的影响——基于随机前沿分析方法[J].经济与管理研究,2013(5):92-98.

[46] 谢乔昕.环境规制扰动、政企关系与企业研发投入[J].科学学研究,2016(5):713-719.

[47] 许松涛,肖序.环境规制降低了重污染行业的投资效率

吗？[J]. 公共管理学报, 2011 (3): 102-114.

[48] 闫国东, 康建成, 谢小进, 王国栋, 张建平, 朱文武. 中国公众环境意识的变化趋势 [J]. 中国人口·资源与环境, 2010 (10): 55-60.

[49] 杨柏, 林川. 企业社会责任与研发投入——代理成本缓解还是财务压力？[J]. 云南财经大学学报, 2016, 32 (4): 124-131.

[50] 杨其静. 企业成长：政治关联还是能力建设？[J]. 经济研究, 2011 (10): 54-66.

[51] 杨熠, 李余晓璐, 沈洪涛. 绿色金融政策、公司治理与企业环境信息披露——以502家重污染行业上市公司为例 [J]. 财贸研究, 2011 (5): 131-139.

[52] 姚圣. 政治缓冲与环境规制效应 [J]. 财经论丛, 2012 (1): 84-90.

[53] 应千伟, 罗党论. 授信额度与投资效率 [J]. 金融研究, 2012 (5): 151-163.

[54] 游家兴, 徐盼盼, 陈淑敏. 政治关联、职位壕沟与高管变更——来自中国财务困境上市公司的经验证据 [J]. 金融研究, 2010 (4): 128-143.

[55] 余明桂, 潘红波. 政治关系、制度环境与民营企业银行贷款 [J]. 管理世界, 2008 (8): 9-21.

[56] 俞鸿琳. 银行贷款、管理者投资行为与公司投资效率 [J]. 南方经济, 2012 (7): 30-42.

[57] 喻坤, 李治国, 张晓蓉, 徐剑刚. 企业投资效率之谜：融资约束假说与货币政策冲击 [J]. 经济研究, 2014 (5): 106-120.

[58] 袁富华. 低碳经济约束下的中国潜在经济增长 [J]. 经济研究, 2010 (10): 79-89.

[59] 袁建国, 后青松, 程晨. 企业政治资源的诅咒效应——基于政治关联与企业技术创新的考察 [J]. 管理世界, 2015 (1): 139-

155.

[60] 曾庆生，陈信元．国家控股，超额雇员与劳动力成本 [J]．经济研究，2006（5）：74-86．

[61] 张成，陆旸，郭路，于同申．环境规制强度和生产技术进步 [J]．经济研究，2011（2）：113-124．

[62] 张功富．政府干预、政治关联与企业非效率投资——基于中国上市公司面板数据的实证研究 [J]．财经理论与实践，2011（3）：24-30．

[63] 张坤民．中国环境保护事业60年 [J]．中国人口·资源与环境．2010（6）：1-5．

[64] 张敏，刘颛，张雯．关联贷款与商业银行的薪酬契约——基于我国商业银行的经验证据 [J]．金融研究，2012（5）：108-122．

[65] 张敏，张胜，王成方，申慧慧．政治关联与信贷资源配置效率——来自我国民营上市公司的经验证据 [J]．管理世界，2010（11）：143-153．

[66] 张世秋，李彬．环境管理中的经济手段 [J]．经济合作与发展组织．OECD环境经济与政策丛书．北京：中国环境科学出版社，1996，92．

[67] 张祥建，郭丽虹，徐龙炳．中国国有企业混合所有制改革与企业投资效率——基于留存国有股控制和高管政治关联的分析 [J]．经济管理，2015（9）：132-145．

[68] 张亦春，李晚春，彭江．债权理对企业投资效率的作用研究——来自中国上市公司的经验证据 [J]．金融研究，2015（7）：190-203．

[69] 张兆国，刘亚伟，杨清香．管理者任期、晋升激励与研发投资研究 [J]．会计研究，2014（9）：81-88．

[70] 张兆国，曾牧，刘永丽．政治关系、债务融资与企业投资

行为——来自我国上市公司的经验证据 [J]. 中国软科学, 2011 (5): 106-121.

[71] 翟胜宝, 张胜, 谢露. 银行关联与企业风险——基于我国上市公司的经验证据 [J]. 管理世界, 2014 (4): 53-59.

[72] 赵红. 环境规制对企业技术创新影响的实证研究——以中国30个省份大中型工业企业为例 [J]. 软科学, 2008 (6): 121-125.

[73] 赵玉民, 朱方明, 贺立龙. 环境规制的界定、分类与演进研究 [J]. 中国人口·资源与环境, 2009, 19 (6): 85-90.

[74] 周一虹, 芦海燕. 我国上市公司重污染行业投资回报率高吗？——基于我国A股上市公司1990~2007年经验数据的实证研究 [J]. 科学经济社会, 2011 (1): 65-72.

[75] 朱萍. 环保部发布首个中国绿色信贷发展报告 [J]. 能源研究与利用, 2011 (1): 10-11.

[76] 朱平芳, 张征宇, 姜国麟. FDI与环境规制: 基于地方分权视角的实证研究 [J]. 经济研究, 2011 (6): 133-145.

[77] Abel, A. B., Eberly, J. C. A Unified model of investment under uncertainty [J]. American Economic Review, 1994, 84 (5): 1369-1384.

[78] Aerts, W., and Cormier, D. Media Legitimacy and Corporate Environmental Communication [J]. Accounting, Organizations & Society, 2009, 34 (1): 1-27.

[79] Allen, F., Qian, J., Qian, M. Law, Finance and economic growth in China [J]. Journal of Financial Economics, 2005, 77 (1): 57-116.

[80] Ang, J S., Ding, D K., Thong, T Y. Political connection and firm value [J]. Asian development review, 2013, 30 (2): 131-166.

[81] Ashraf B N. Political institutions and bank risk – taking behavior [J]. Journal of Financial Stability, 2017, 29: 13 – 35.

[82] Baldwin R, Cave M, Lodge M. Understanding regulation: theory, strategy, and practice [M]. Oxford University Press on Demand, 2012.

[83] Barth, M. E., McNichols, M. E., and Wilson, P. G. Factors influencing firms' disclosure about environmental liabilities [J], Review of Accounting Studies, 1997, 2 (1): 35 – 64.

[84] Baysinger, B. D. Domain maintenance as an objective of business political activity: An expanded typology [J]. Academy of Management Review. 1984, 9 (2): 245 – 267.

[85] Bbrown J R, Fazzari S M, Petersen B C. Financing Innovation and Growth: Cash Flow, External Equity, and the 1990s R&D Boom [J]. Journal of Finance, 2009, 64 (1): 151 – 185.

[86] Benfratello L, Schiantarelli F, Sembenelli A. Banks and innovation: Microeconometric evidence on Italian firms [J]. Journal Of Financial Economics, 2008, 90 (2): 197 – 217.

[87] Bhandari A, Javakhadze D. Corporate social responsibility and capital allocation efficiency [J]. Journal of Corporate Finance, 2017 (43): 354 – 377.

[88] Boot, A. W. A. Relationship banking: what do we know? [J], Journal of Financial Intermediation, 2000, 9 (1): 7 – 25.

[89] Boubakri, N., Cosset, J., and Saffar, W. Political connections of newly privatized firms [J]. Journal of Corporate Finance, 2008, 14 (5): 654 – 673.

[90] Boubakri, N., Guedhami, O., Mishra, D., and Saffar W. Political connections and the cost of equity capital [J]. Journal of corporate finance, 2012, 18 (3): 541 – 559.

[91] Boubakri, N., Cosset, J. C., Saffar, W. The role of state and foreign owners in corporate risk – taking: Evidence from privatization [J]. Journal of Financial Economics, 2013, 108 (3): 641 – 658.

[92] Brammer S, Millington A. Corporate reputation and philanthropy: An empirical analysis [J]. Journal of business ethics, 2005, 61 (1): 29 – 44.

[93] Brammer, S., and Pavelin, S. Factors Influencing the Quality of Corporate Environmental Disclosure [J], Business Strategy and the Environment, 2008, 17 (2): 120 – 136.

[94] Brown, N., and Deegan, C. M. The public disclosure of environmental performance information – a dual test of media agenda setting theory and legitimacy theory [J]. Accounting and Business Research, 1998, 29 (1), 21 – 41.

[95] Brown, W., Helland, E., and Smith, J. Corporate philanthropic practices [J]. Journal of Corporate Finance, 2006, 12 (5): 855 – 877.

[96] Brunel, C., Levinson, A. Measuring the Stringency of Environmental Regulations [J]. Review of Environmental Economics And Policy, 2016, 10 (1): 47 – 67.

[97] Cao, X., Pan, X., Qian, M., Tian, G G. Political capital and CEO entrenchment: Evidence from CEO turnover in Chinese non – SOEs [J]. Journal of Corporate Finance, 2017 (42): 1 – 14.

[98] Cennamo C, Berrone P, Cruz C, Gomez – Mejia L R. Socioemotional wealth and proactive stakeholder engagement: Why family – controlled firms care more about their stakeholders [J]. Entrepreneurship Theory and Practice, 2012, 36 (6): 1153 – 1173.

[99] Chava S, Oettl A, Subramanian A. Banking deregulation and innovation [J]. Journal of Financial Economics, 2013, 109 (3): 759 –

774.

[100] Chen R, EL Ghoul S, Guedhami O, et al. Do state and foreign ownership affect investment efficiency? Evidence from privatizations [J]. Journal of Corporate Finance, 2017 (42): 408 – 421.

[101] Chen, S., Sun, Z., Tang, S., Wu, D. Government intervention and investment efficiency: Evidence from China [J]. Journal of Corporate Finance, 2011, 17 (2): 259 – 271.

[102] Cho, C. H., and Patten, D. M. The role of accounting disclosures as tools of legitimacy: A research note [J]. Accounting, Organizations and Society, 2007, 32 (7/8): 639 – 647.

[103] Claessens, S., Feijen, E., and Laeven, L. Political Connections and Preferential Access to Finance: The Role of Campaign Contributions [J]. Journal of Financial Economics, 2008, 88 (3): 554 – 580.

[104] Clark, C E. Differences between public relations and corporate social responsibility: An analysis [J]. Public Relations Review, 2000, 26 (3): 363 – 380.

[105] Clarkson, P. M., Fang, X. H., Li, Y. and Richardson, G. The Relevance Of Environmental Disclosures For Investors and Other Stakeholder Groups: Are Such Disclosures Incrementally Informative?, 2011, Working Paper.

[106] Cole, M. A., and Elliot, R. J. R. Do environmental regulations influence trade patterns? Testing old and new trade theories [J]. The World Economy, 2003, 26 (8), 1163 – 1186.

[107] Constantini, V., Crespi, F. Environmental regulation and the export dynamics of energy technologies [J]. Ecological Economics, 2008, 66 (2 – 3): 447 – 460.

[108] Cooper, M. J., Gulen, H., and Ovtchinnikov, A. V. Cor-

porate political contributions and stock returns [J]. The Journal of Finance, 2010, 65 (2): 687 – 724.

[109] Correia, M. M. Political connections and SEC enforcement [J]. Journal of Accounting and Economics, 2014, 57 (2 – 3): 241 – 262.

[110] Costantini, V., and Crespi, F. Environmental regulation and the export dynamics of energy technologies [J]. Ecological Economics, 2008, 66 (2 – 3), 447 – 460.

[111] Cui, L., Jiang, F., and Stening, B. The entry – mode decision of Chinese outward FDI: Firm resources, industry conditions, and institutional forces [J]. Thunderbird International Business Review, 2011, 53 (4): 483 – 499.

[112] Degryse, H., and Ongena, S. Bank – Firm Relationships and International Banking Markets [J]. International Journal of the Economics of Business, 2002, 9 (3), 401 – 417.

[113] De Simone, G., and Manchin, M. Outward Migration and Inward FDI: Factor Mobility between Eastern and Western Europe [J]. Review of International Economics, 2012, 20 (3): 600 – 615.

[114] Dewatripont, M., and Maskin, E. Credit and efficiency in centralized and decentralized economies [J]. Review of Economic Studies, 1995, 62 (4): 541 – 555.

[115] Diamond D W. Financial Intermediation And Delegated Monitoring [J]. Review Of Economic Studies, 1984, 51 (3): 393 – 414.

[116] Dixit, A. K. Lawlessness and Economics: Alternate Modes of Governance [M]. Princeton University Press, Princeton, NJ, 2004.

[117] Duchin, R., Sosyura, D. The politics of government investment [J]. Journal of Financial Economics, 2012, 106 (1): 24 – 48.

[118] Faccio, M. Politically Connected Firms [J]. American Eco-

nomic Review, 2006, 96 (1): 369 - 386.

[119] Faccio, M., Masulis, R. W., McConnell, J. J. Political connections and corporate bailouts [J]. Journal of Finance, 2006, 61 (6): 2597 - 2635.

[120] Faleye O, Kovacs T, Venkateswaran A. Do Better - Connected CEOs Innovate More? [J]. Journal of Financial And Quantitative Analysis, 2014, 49 (5 - 6): 1201 - 1225.

[121] Fan, J., Wong, T., Zhang, T. politically connected CEOs, corporate governance, and post - IPO performance of China's newly partially privatized Firms [J]. Journal of Financial Economics, 2007, 84 (2): 330 - 357.

[122] Fazzari S M, Hubbard R G, Petersen B C, et al. Financing Constraints and Corporate Investment [J]. Brookings Papers on Economic Activity, 1988, 1988 (1): 141 - 206.

[123] Firth M, He X, Rui O M, Xiao T. Paragon or pariah? The consequences of being conspicuously rich in China's new economy [J]. Journal of Corporate Finance, 2014 (29): 430 - 448.

[124] Firth M. C., Lin, C., Wong, S. M. L. Leverage and Investment under a State - owned Bank Lending Environment: Evidence from China [J]. Journal of Corporate Finance, 2008, 14 (5): 642 - 653.

[125] Fooks, G. J., Gilmore, A. B., Smith, K. E., GoUin, J., Holden, G., and Lee, K. Gorporate social responsibility and access to policy elites: An analysis of tobacco industry documents [J]. PLoS Medicine, 2011, 8 (8): el001076.

[126] Frederick, W. C. Toward CSR3: Why Ethical Analysis is indispensible and Unavoidable in Corporate Affairs [J]. California Management Review, 1986, 28 (2): 126 - 141.

[127] Freedman, M. and Jaggi, B. Global warming, commitment to

the Kyoto protocol, and accounting disclosures by the largest global public firms from polluting industries [J]. The International Journal of Accounting, 2005, 40 (3): 215 – 232.

[128] Garofalo, G. A., and Malhotra, D. M. Effect of environmental regulations on state – level manufacturing capital formation [J]. Journal of Regional Science, 1995, 35 (2), 201 – 216.

[129] Giannetti, C. Relationship lending and firm innovativeness [J]. Journal of Empirical Finance, 2012, 19 (5): 762 – 781.

[130] Goldman, E., Rocholl, J., and So, J. Do politically connected boards affect firm value? [J]. Review of Financial Studies, 2009, 22 (6): 2331 – 2360.

[131] Gorton, G. and Winton, A. Financial intermediation [M]. In: Constantinides G, Harris M and Stultz M (ed.) Handbooks in the Economics of Finance, Vol. 1A. Amsterdam: Elsevier Science, 2003.

[132] Gray, W. B., and Shadbegian, R. J. Environmental Regulation, Investment Timing, and Technology Choice [J]. Journal of Industrial Economics, 1998, 46 (2): 235 – 256.

[133] Greenstone, M. The impacts of environmental regulations on industrial activity: evidence from the 1970 and 1977 Clean Air Act Amendments and the Census of Manufactures [J]. Journal of Political Economy, 2002, 110 (6), 1175 – 1219.

[134] Hamberg M. R&D essays on economics of research and development [M]. Random Publish House, London, 1966.

[135] Harrison J S, Bosse D A, Phillips R A. Managing for stakeholders, stakeholder utility functions, and competitive advantage [J]. Strategic Management Journal, 2010, 31 (1): 58 – 74.

[136] Healy P M, Palepu K G. Information asymmetry, corporate disclosure, and the capital markets: A review of the empirical disclosure

literature [J]. Journal of Accounting and Economics, 2001, 31 (1 - 3): 405 - 440.

[137] Henderson, V. Effects of air quality regulation [J]. American Economic Review, 1996, 86 (4): 789 - 813.

[138] Herrera, A. M., and Minetti, R. Informed finance and technological change: evidence from credit relationships [J]. Journal of Financial Economics, 2007, 83 (1): 223 - 269.

[139] Hillman A J, Keim G D. Shareholder value, stakeholder management, and social issues: What's the bottom line? [J]. Strategic Management Journal, 2001, 22 (2): 125 - 139.

[140] Hirshleifer, D., Low, A., Teoh, S. H. Are Overconfident CEOs Better Innovators? [J]. Journal of Finance, 2012, 67 (4): 1457 - 1498.

[141] Hirschey, M., Skiba, H., Wintoki, M. B. The size, concentration and evolution of corporate R & D spending in U. S. firms from 1976 to 2010: Evidence and implications [J]. Journal of Corporate Finance, 2012, 18 (3): 496 - 518.

[142] Hong B, Li Z, Minor D. Corporate governance and executive compensation for corporate social responsibility [J]. Journal of Business Ethics, 2016, 136 (1): 199 - 213.

[143] Höwer D. The role of bank relationships when firms are financially distressed [J]. Journal of Banking & Finance, 2016 (65): 59 - 75.

[144] Hu, A. G. Ownership, Government R&D, Private R&D, and Productivity in Chinese Industry [J]. Journal of Comparative Economics, 2001, 29 (1): 136 - 157.

[145] Jakobsen, J. and Jakobsen, T. G. Economic nationalism and FDI [J]. Society and Business Review, 2011, 6 (1): 61 - 76.

[146] Jenkins, H. Corporate social responsibility and the mining industry: conflicts and constructs [J]. Corporate Social Responsibility and Environmental Management, 2004, 11 (1): 23 – 34.

[147] Jenkins, H., and Yakovleva, N. Corporate social responsibility in the mining industry: exploring trends in social and environmental disclosure [J]. Journal of Cleaner Production, 2006, 14 (3 – 4): 271 – 284.

[148] Jorgenson, D. W., and Wilcoxen, P. J. Environmental Regulation and U. S. Economie Growth [J]. RAND Journal of Economics, 1990, 21 (2): 314 – 340.

[149] Kim, J R, Cha H. The effect of public relations and corporate reputation on return on investment [J]. Asia Pacific Public Relations Journal, 2013, 14 (1 – 2): 107 – 130.

[150] Kim, T. Does a Firm's Political Capital Affect Its Investment and Innovation? . 2017. Available at SSRN: https://ssrn.com/abstract = 2971752 or http://dx.doi.org/10.2139/ssrn.2971752.

[151] Khwaja, A. I., Mian, A. Do lenders favour politically – connected firms? Rent provision in an emerging financial market [J]. The Quarterly Journal of Economics, 2005, 120 (4): 1371 – 1411.

[152] Kornai, J., Eric, M., Gerard, R. Understanding the Soft Budget Constraint [J]. Journal of Economic Literature, 2003, 41 (4): 1095 – 1136.

[153] Kroszner, R. S., Stratmann, T. Interest group competition and the organization of congress: Theory and evidence from financial services' political action committees [J]. American Economic Review, 1998, 88 (5): 1163 – 1188.

[154] Lankhuizen, M., de Groot, H. L. F and Linders, G. M. The Trade – Off between Foreign Direct Investments and Exports: The

Role of Multiple Dimensions of Distance [J]. World Economy, 2011, 34 (8): 1395 – 1416.

[155] Leiter, A. M., Parolini, A., and Winner, H. Environmental regulation and investment: Evidence from European industry data [J]. Ecological Economics, 2011, 70 (4): 759 – 770.

[156] Levinson, A. Environmental Regulations and Manufacturers' Location Choices: Evidence from the Census of Manufactures [J]. Journal of Public Economics, 1996, 62 (1 – 2): 5 – 29.

[157] Li, J. J., Poppo, L., and Zhou, K. Z. Do Managerial Ties in China Always Produce Value? Competition, Uncertainty, and Domestic vs. Foreign Firms [J]. Strategic Management Journal, 2008, 29 (4): 383 – 400.

[158] Lin, J., Cai, F., Li, Z. Competition, policy burdens, and state – owned enterprise reform [J]. American Economic Review, 1998, 88 (2): 422 – 427.

[159] List, J. A., and Co, C. Y. The Effects of Environmental Regulations on Foreign Direct Investment [J]. Journal of Environmental Economics & Management, 2000, 40 (1): 1 – 20.

[160] Luo X, Du S. Exploring the relationship between corporate social responsibility and firm innovation [J]. Marketing Letters, 2015, 26 (4): 703 – 714.

[161] Madsen, P. M. Does FDI drive a "race to the bottom" in environmental regulation? A reexamination building on the resource – based view [J]. Academy of Management Journal, 2009, 52 (6): 1297 – 1318.

[162] Manderson, E., and Kneller, R. Environmental Regulations, Outward FDI and Heterogeneous Firms: Are Countries Used as Pollution Havens? [J]. European Association of Environmental and Resource Econo-

mists, 2012, 51 (3): 317 - 352.

[163] Manso G. Motivating Innovation [J]. Journal Of Finance, 2011, 66 (5): 1823 - 1860.

[164] Masulis R W, Reza S W. Agency Problems of Corporate Philanthropy [J]. Review Of Financial Studies, 2015, 28 (2): 592 - 636.

[165] McConnell, V., Schwab, R. The impact of environmental regulation on industry location decisions: The motor vehicle industry [J]. Land Economics, 1990, 66 (1): 67 - 81.

[166] Mcwilliams A, Siegel D. Corporate social responsibility and financial performance: Correlation or misspecification? [J]. Strategic Management Journal, 2000, 21 (5): 603 - 609.

[167] Millimet, D. L., Roy, S., Sengupta, A. environmental regulations and economic activity: Influence on market structure [J]. Annual Review of Resource Economics, 2009, 1 (1): 99 - 118.

[168] Modigliani F, Miller M H. The Cost Of Capital, Corporation Finance And the Theory Of Investment [J]. American Economic Review, 1958, 48 (3): 261 - 297.

[169] Monroe, A. D. Public Opinion and Public Policy, 1980 - 1993 [J]. Public Opinion Quarterly, 1998. 62 (1): 6 - 28.

[170] Mutti, D., Yakovleva, N., Vazquez - Brust, D., and Martín, D. M. Corporate social responsibility in the mining industry: Perspectives from stakeholder groups in Argentina [J]. Resources Policy, 2012, 37 (2): 212 - 222.

[171] North, D. C. Institutions, Institutional Change, and Economic Performance [M]. Cambridge University Press, New York, 1990.

[172] Ordeix - Rigo E, Duarte J. From public diplomacy to corporate diplomacy: Increasing corporation's legitimacy and influence [J].

American Behavioral Scientist, 2009, 53 (4): 549 - 564.

[173] Park, S. Effects of the affiliation of banking and commerce on the firm's investment and the bank's risk [J]. Journal of Banking & Finance, 2000, 24 (10): 1629 - 1650.

[174] Patten, D. M. Media exposure, public policy pressure, and environmental disclosure: An examination of the impact of TRI data availability [J]. Accounting Forum, 2002, 26 (2): 152 - 171.

[175] Pfeffer, J. and Salancik, G. R. The External Control of Organizations: A Resource Dependence Perspective [M]: New York, US: Harper & Row Publishers, 1978.

[176] Pfeffer, J., and Salancik, G. R. The external control of organizations: A resource dependence perspective [M]: Stanford, CA: Stanford University Press, 2003.

[177] Porter M E. America's Green Strategy [J]. Scientific American, 1991, 26 (4): 168.

[178] Porter M E, Van Derlinde C. Toward a New Conception of the Environment - Competitiveness Relationship [J]. Journal of Economic Perspectives, 1995, 9 (4): 97 - 118.

[179] Roberts M R, Sufi A. Renegotiation of financial contracts: Evidence from private credit agreements [J]. Journal of Financial Economics, 2009, 93 (2): 159 - 184.

[180] Richardson, S. Over - investment of free cash flow [J], Review of Accounting Studies, 2006, 11 (2): 159 - 189.

[181] Saeed, A., and Esposito, F. Bank concentration and financial constraints on firm investment in UK [J]. Studies in Economics and Finance, 2012, 29 (1): 11 - 25.

[182] Santoli S. The Theory of Economic Development. An Inquiry into Profits, Capital, Credit, Interest and the Business Cycle by J. A.

Schumpeter [J]. Genetics Selection Evolution, 1982, 14 (4): 1-1.

[183] Santos, F. M., and Eisenhardt, K. M. Organizational boundaries and theories of organization [J]. Organization Science, 2005, 16 (5): 491-508.

[184] Shapira R. Corporate philanthropy as signaling and co-optation [J]. Fordham L. Rev., 2011 (80): 1889.

[185] Shen, C. H., and Wang, C. A. Does bank relationship matter for a firm's investment and financial constraints? The case of Taiwan [J]. Pacific-Basin Finance Journal, 2005, 13 (2): 163-184.

[186] Shleifer, A., and Vishny, R. Politicians and Firms [J]. Quarterly Journal of Economics, 1994, 109 (4): 995-1025.

[187] Stigler, G. J. The Theory of economic regulation [J]. Bell Journal of Economics and Management science, 1971, 2 (1): 3-21.

[188] Stiglitz J E. Credit Markets and the Control of Capital [J]. Journal of Money, Credit and Banking, 1985, 17 (2): 133-152.

[189] Suchman, M. C. Managing legitimacy: Strategic and institutional approaches [J]. Academy of Management Review, 2005, 20 (3): 571-610.

[190] Tahoun, A. The role of stock ownership by US members of Congress on the market for political favors [J]. Journal of Financial Economics, 2014, 111 (1): 86-110.

[191] Testa F, Iraldo F, Frey M. The effect of environmental regulation on firms' competitive performance: The case of the building & construction sector in some EU regions [J]. Journal of environmental management, 2011, 92 (9): 2136-2144.

[192] Tobin J. A general equilibrium approach to monetary theory [J]. Journal of Money, Credit & Banking, 1969, 1 (1): 15-29.

[193] Tosi H L, Katz K P, Gomezmejia L R. Disaggregating the

agency contract: Effects of monitoring, incentive alignment, and term in office on agent decision making [J]. Academy of Management Journal, 1997, 40 (3): 584 – 602.

[194] Tribo, J. A., Berrone, P., Surroca, J. Do the type and number of blockholders influence R&D investments? New evidence from Spain [J]. Corporate Governance: An International Review, 2007, 15 (5): 828 – 842.

[195] Von Rheinbaben, J., and Ruckes, M. The number and the closeness of bank relationships [J]. Journal of Banking & Finance, 2004, 28 (7): 1597 – 1615.

[196] Wang H L, Qian C L. Corporate Philanthropy And Corporate Financial Performance: The Roles Of Stakeholder Response And Political Access [J]. Academy Of Management Journal, 2011, 54 (6): 1159 – 1181.

[197] Wheeler, D. Racing to the bottom? Foreign investment and air pollution in developing countries [J]. Journal of Environment and Development, 2001, 10 (3): 225 – 245.

[198] Xing, Y., and Kolstad, C. Do Lax Environmental Regulations Attract Foreign Investment? [J]. European Association of Environmental and Resource Economists, 2002, 21 (1): 1 – 22.

[199] Zheng G, Wang S, Xu Y. Monetary stimulation, bank relationship and innovation: Evidence from China [J]. Journal of Banking & Finance, 2018, 89: 237 – 248.

[200] Zhou, W. Political connections and entrepreneurial investment: Evidence from China's transition economy [J]. Journal of Business Venturing, 2013, 28 (2): 299.

后 记

在本书稿完成之际，感慨万千，最想说的一句是：对于给予我关心、支持和帮助的各方表示最真诚的致敬！

在此感谢国家自科基金项目《环境规制、企业外部关系构建与投资行为研究》（71362017）、江西省高校人文社科项目《环境规制、银行关系构建与研发资源配置》（JC17124）的资助；感谢九江学院科研平台支撑；感谢中南大学肖序教授、九江学院陈小林教授、斯坦福大学周雪光教授、Charles M. C. Lee 教授、早稻田大学刘庆红教授和中国财经经济出版社的热情帮助！

最后的感谢献给我的家人，我夫人陈霞女士、女儿许程睿和陈许熙小朋友。没有她们的支持，本书无法完成。祝福她们在追逐梦想的过程中，幸福快乐！

惟思将来也，故生希望心；惟希望也，故进取；惟进取也，故日新。尽管路漫漫其修远兮，但吾将上下而求索，为学术研究，为生态文明的建设努力探索，并用 Seneca 的话自勉之：

It is not because things are difficult that we do not dare, it is because we do not dare that things are difficult.

由于作者学识水平有限，本书难免有不足之处，若有不当之处，敬请学界同仁和广大读者批评指正。

许松涛

2018 年 10 月